CRYPTO

CASH

CRYPTO

CASH

クリプトキャッシュ
「暗号貨幣」
が世界を変える!

中村宇利

集英社

目次

はじめに

暗号貨幣はこうして生まれた

第1章

キャッシュレスの先に見えてきた「暗号貨幣の新生代」

第2章

私たちのお金や情報はこんなに盗まれている！

第3章　ビットコインの消滅はもはや時間の問題

第4章 「貨幣」と「通貨」の歴史から見えてくるもの

第5章

現代社会を支える暗号技術の最前線

第6章　完全暗号による「クリプトキャッシュ」の仕組みと使い方

第7章　次々に広がる「クリプトキャッシュ」と関連技術の応用

最終章　いつの時代も新しい技術が未来を変える!

はじめに

暗号貨幣はこうして生まれた

インターネットの普及と「デジタルマネーのカンブリア紀」

歴史を振り返ると人類は、価値交換、価値保蔵、価値尺度という3つの機能を持つ「貨幣」を発明することで、民族を超え、国を超え、大陸を超えて経済を発展させてきた。貨幣には原初、巨石や貝殻などが用いられ、やがて金や銀などの金属を鋳造した硬貨が生まれ、さらに持ち運びに便利な紙幣へと形を変えてきた。

日本では最近、令和への改元と歩調を合わせるかのように、新しい紙幣の発行が決まった。紙幣は信用に基づき発行される信用通貨で、長く使われていると偽造の可能性が高まるので定期的に改めることにしており、新紙幣には3Dホログラムなど最新の偽造対策が採用されるようだ。しかし、どれほど高度な対策を施しても、偽造リスクはなくならない。

そうした中、いよいよ貨幣の最終形である「暗号貨幣」がその片鱗を現しつつある。

１９６０年代に発明されたインターネットは、１９８０年代に一般利用が可能となり、１９９０年代前半にＨＴＴＰ（ハイパー・テキスト・トランスファー・プロトコル）が、そして１９９３年にｗｗｗ（World Wide Web、ワールド・ワイド・ウェブ）が無償で開放されるとともに世界初のブラウザであるモザイク（Mosaic）が登場した。

続く１９９５年、モザイクがネットスケープ（Netscape）に、ＰＣ用のＯＳ（オペレーションシステム）として世界中で多くの人々が利用していたマイクロソフト社のＭＳ－ＤＯＳがウィンドウズ95（Windows95）に、それぞれアップグレードされるとインターネットの爆発的な普及が始まった。

新たな商取引（ｅコマース）が劇的に増加することが予想され、このチャンスを逃すまいと多くの先駆者たちがインターネット上で利用できる「デジタルマネー」（貨幣としての価値を持つ疑似有体物としてのデジタルデータ）の発明に乗り出した。

１９９５年前後のわずか数年間に、世界中で１００を超える新しい実験的なデジタルマネーが事業化に向け考案され、多くの資金が投じられた。

筆者はこれを「デジタルマネーのカンブリア紀」と呼んでいる。

「仮想通貨のジュラ紀」を超えて

しかし、新しい世紀を迎えることができたデジタルマネーはひとつもなかった。貨幣としての価値を持つ疑似有体物としてのデジタルデータをつくれるほど、暗号技術が成熟していなかったことが大きな原因である。

人類が新しい貨幣としてデジタルデータを利用するには、**完全に安全な暗号（完全暗号）**の技術を待たなければならない。

20世紀最後の年、国際的に使われていた暗号規格（**DES：Data Encryption Standard**）の脆弱性が見過ごせないレベルに達したため、新しい規格（**AES：Advanced Encryption Standard**）が米国政府主導で定められたが、それでもまだ完全に安全なレベルには届いていない。

ところが２００９年、リーマンショック後の混沌とした経済情勢の中で突如、90年代までの不完全な暗号技術を使い、様々な脆弱性を抱えたままの試みが彗星のように現れた。ブロックチェーン（データベース技術の一種。83ページ参照）を用いた**「ビットコイン(Bitcoin)」**である。

「ビットコイン」は仮想通貨とか暗号通貨とか様々な呼び方をされるが、その脆弱性が明らかとなった90年代の試みと同じ暗号方式を用い、しかも台帳（データベース）を使って通貨をつくるという極めて安易な試みである。あくまでインターネット上で使用できる「貨幣」の開発を目指していた当時の暗号研究者たちには、とても意味のあるものとは認められなかった。

そもそも、歴史上実用されてきた貨幣はすべて交換と同時に決済が完了する。いちいち台帳で過去の取引を確認し、新たな取引記録を記載する必要はない。当時の暗号研究者たちも、そのことを踏まえてインターネット上で使用できる「貨幣」を開発しようとしていたのだ。ところが、ビットコインは記帳した台帳の記録にその価値が依存しており、即時決済性は犠牲にされた。

もちろん、このように不完全な仕組みながら、暗号技術を用いることで新しい通貨を生み出すことができる可能性があるという事実を世界に知らしめた功績は大きかった。

しかし、ビットコインを含めたブロックチェーンを用いる仮想通貨は、小規模なコミュニティで用いられるならまだしも、世界中で使用されるようになった結果、構造的欠陥が急速に露呈し、もはやその役割は終わった。

もともとセキュリティが脆弱であることに加えて、短期間で台帳が巨大化したため通信量が増大してインターネットを圧迫しているとともに、消費電力などのコストが急増し、システムを維持する作業（プルーフ・オブ・ワーク）で得られる報酬に見合わなくなってきている。これは、あまりに巨大化して環境の変化に対応できず、絶滅してしまった恐竜のようなものだ。

２０１７年8月に筆者が在サンフランシスコ日本国総領事館にて行ったブロックチェーン崩壊に関する講演から間もなく、中国をはじめとしてビットコインの取引を禁止する国が出てきた。最近はブロックチェーンの持続可能性そのものにも疑問符がつき始めている。

「仮想通貨のジュラ紀」は、終焉《しゅうえん》を迎えつつあるといってよいだろう。

日本発、世界初の完全暗号「コンプリート・サイファー」

暗号の歴史は貨幣と同じように古く、古代エジプトですでに用いられていた。ローマ時代には、アルファベットを数文字ずつずらす有名な「シーザー暗号」があった。

古代から現代に至るまで、**暗号はすべて2つの基本要素によって構成されている**。元の文（平文）を暗号化し、また元に戻す（復号化する）手順である**「暗号アルゴリズム」**と、個々のケースで暗号アルゴリズムに使用する**「暗号鍵」**である。

シーザー暗号の場合は、アルファベット順に文字をずらすのが暗号アルゴリズムで、何文字ずらすかが暗号鍵となっている。

暗号の歴史とは、暗号アルゴリズムを複雑にしたり、暗号鍵の長さを伸ばしたり種類を多くしたりして、解読に時間がかかるようにする試みの繰り返しだったといってよい。20世紀に入ると旧ドイツ軍のエニグマ暗号機のような機械式暗号が用いられるようになったが、基本は同じである。

コンピュータが存在しない第二次世界大戦頃までは、暗号の解読を高速に行うことは実際的ではなく、それほど複雑ではない暗号アルゴリズムとある程度の長さを持つ暗号鍵で十分な役割を果たしていた。

しかし、高速演算を行うコンピュータが実用化された20世紀後半になると、より複雑な暗号アルゴリズムと長大な暗号鍵が必要とされるようになった。そこで、標準アルゴリズムをＤＥＳから３ＤＥＳ、さらにＡＥＳに変更したり、暗号鍵長を長くしたり暗号鍵の種類を多くすることを現在まで何度も行ってきたのである。

ところが、超並列演算を可能とする量子コンピュータの実用化を間近に控えた現在においては、もはや解読までにかかる時間を根拠とする暗号技術では十分に安全とはいえなくなっている。暗号技術にはいまこそイノベーションが必要とされている。

現代における暗号技術の研究には実は、20世紀半ばから始まった新しい流れがある。筆者もその学問の系譜に連なるクロード・シャノン教授が、20世紀初頭に考案されていたヴァーナム暗号（第5章参照）について、一定の条件を満たした暗号鍵が手に入らなければ解読不可能であることを数学的に証明したことがその出発点である。

すなわち、暗号を構成する2つの基本要素のうち、暗号アルゴリズムについては、暗号鍵が一定の条件を満たせば、完全な安全性が担保される可能性が明らかになった（ただし、ヴァーナム暗号では、元の文と同じかそれ以上の長さの暗号鍵を必要とするので、実用的ではないとされている）。

完全に安全な暗号のために残る課題は、暗号を復号化する側が安全に暗号鍵を手に入れること、すなわち、いかに安全に暗号鍵を復号化側に配送するかに絞られた。

その結果、20世紀後半以降、従来とは異なる**新しい暗号開発のフレームワーク**が認識されるようになった。

すなわち、**完全に安全な暗号を完成させるため、「暗号鍵の配送問題」を解決することをメインとし**、加えて**「暗号鍵がない場合に理論的に解読不可能な暗号アルゴリズム」の実用的な実装を目指す**というフレームワークである。

実際、暗号鍵の配送問題については、のちに詳しく説明する**「公開鍵暗号方式（PKS：Public Key System）」**や**「量子鍵配送（QKD：Quantum Key Distribution）」**など様々な解決策が考案され用いられている。

だが、これらは残念ながら暗号技術の研究における真の解決とはなっていない。

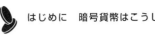

図表1 仮想通貨から暗号貨幣「クリプトキャッシュ」へ

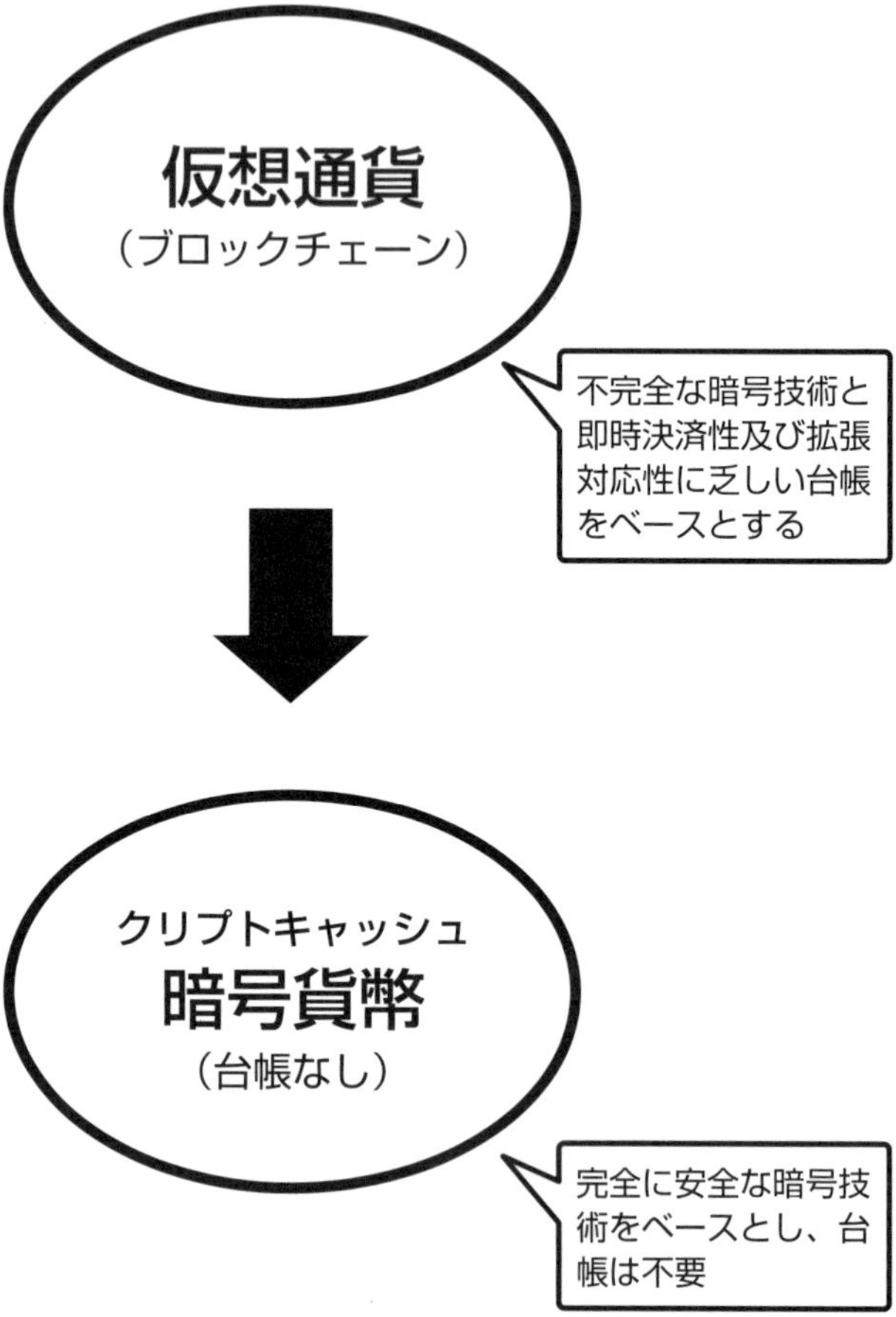
仮想通貨
（ブロックチェーン）
不完全な暗号技術と即時決済性及び拡張対応性に乏しい台帳をベースとする
クリプトキャッシュ
暗号貨幣
（台帳なし）
完全に安全な暗号技術をベースとし、台帳は不要

筆者は1980年代後半から新しい人工知能の研究に取り組んできたが、その中で暗号鍵の配送問題を解決する**「遠隔非同時同期（Remote Non-simultaneous Synchronization）」**という技術を開発し、特許を取得した。

また、従来は実用性に問題があった解読不可能な暗号アルゴリズムについても、新しい発想に基づく方式の開発とその数学的証明に成功した。

このようにして、筆者は**暗号技術の2つの最終課題を克服**し、完全に安全な暗号技術＝**完全暗号「コンプリート・サイファー」を完成**させた。

これらの暗号技術をベースにして生まれたのが、**暗号貨幣「クリプトキャッシュ®（Crypto Cash®）」**である（以下、®マーク省略）。

「クリプトキャッシュ」は日本で生まれた完全暗号を用いた世界初の暗号貨幣であり、従来のいわゆる仮想通貨にとって代わるものだ。

「クリプトキャッシュ」が秘めた可能性

現在、マスコミ等でも「仮想通貨」「暗号通貨」「暗号資産」など似たような呼称が入り乱れており、混乱している方は多いだろう。

整理しておくと、**「仮想通貨（Virtual Currency）」**という名称は実体を持たない通貨の通称で、主にブロックチェーンを用いた暗号通貨について用いられる。

歴史的には、1980年代初頭から偽造や不正使用のできない通貨を、暗号技術を用いて実現する試みが暗号学の重要なテーマとして取り組まれており、**「クリプトカレンシー（Crypto Currency、暗号通貨）」**と呼ばれてきた。

現在、暗号通貨はその用途により、より細かく分類・整理される方向にある。市場規模の大きさの順に、

①暗号資産（Crypto Asset）

②暗号通貨（狭義）
③暗号証券（Crypto Security）

の３つである。

「暗号資産」は、「暗号通貨（狭義）」と厳密に区別するためにつくられた名称である。暗号技術を使ったデジタル資産のことで、ダイヤモンドや金などと同様に**資産的な価値**を持ちつつ、**市場価格が変動**するものを指す。

日本でも２０１９年５月31日に「仮想通貨」の名称変更を盛り込んだ改正資金決済法が成立、「仮想通貨」に代わり、**「暗号資産」**が用いられることになった。

ビットコインやイーサリアム（Ethereum）などのいわゆる仮想通貨は、ここに含まれる。

「（狭義の）暗号通貨」は、国や中央銀行が発行する**法定通貨のデジタル版**を基本とする。また、法定通貨に連動（ペッグ）して発行されるステーブルコインもこれに当てはまる。

ステーブルコインはすでにいくつもあるが、法定通貨のデジタル版についてはいまだ登場していない。

「暗号証券」は、有価証券を暗号技術によって実現したもので、株式や債券と同じように

図表2「暗号資産」「暗号通貨（狭義）」「暗号証券」の区別

暗号通貨
（従来）

1980年代初頭から、暗号学の重要なテーマとして偽造や不正使用のできない通貨を暗号技術で実現する試みがあり、「暗号通貨」と呼ばれた

↓

暗号資産

広く暗号技術を使ったデジタル資産。従来の仮想通貨を含む

暗号通貨
（狭義）

法定通貨のデジタル版、または法定通貨に連動するステーブルコイン

暗号証券

有価証券を暗号技術によって実現したものであり、証券として法的規制を受ける

金利や配当などがつき、株式や債券として法的規制を受ける。

米国では、これまで実態がともなわないまま仮想通貨を発行して資金を集める行為（ICO：Initial Coin Offering）が横行し、中には詐欺まがいのケースがあった。そこでこれを規制し、今後は暗号証券による資金調達（STO：Security Token Offering）を育てていく方向に変わってきている。

「クリプトキャッシュ」は台帳を必要としない暗号通貨の基本技術であり、右記のすべての区分に対応する。

国や中央銀行が発行する場合やステーブルコインにおいては「暗号通貨（狭義）」となるが、それ以外の民間などによる「暗号資産」の発行にも広く使える。また、設計によっては「暗号証券」として利用することも可能である。

「クリプトキャッシュ」の仕組み

「クリプトキャッシュ」の本体は、**英数文字等からなる記号列**である。この記号列は、誰が、いつ、いくらの金額で発行したか等の情報を暗号化したものである。

「クリプトキャッシュ」は、**発行者が保有する信用や資産を裏付けに発行される**。国や中央銀行が発行する場合は国の徴税権や天然資源などを裏付けに、個人であれば銀行預金などが想定される。

ブロックチェーンを使ったビットコインでは、取引を台帳に書き込んで確定するまで最低10分、いまは下手をすると数日かかることもあり、もはや通常の決済に使うには不便である。

それに対し、「クリプトキャッシュ」なら記号列を取引相手に渡せば、現金と同じようにその場で決済が完了する。

ビットコインやブロックチェーンの問題については、第3章で詳しく説明する。

図表3 「クリプトキャッシュ」のイメージ

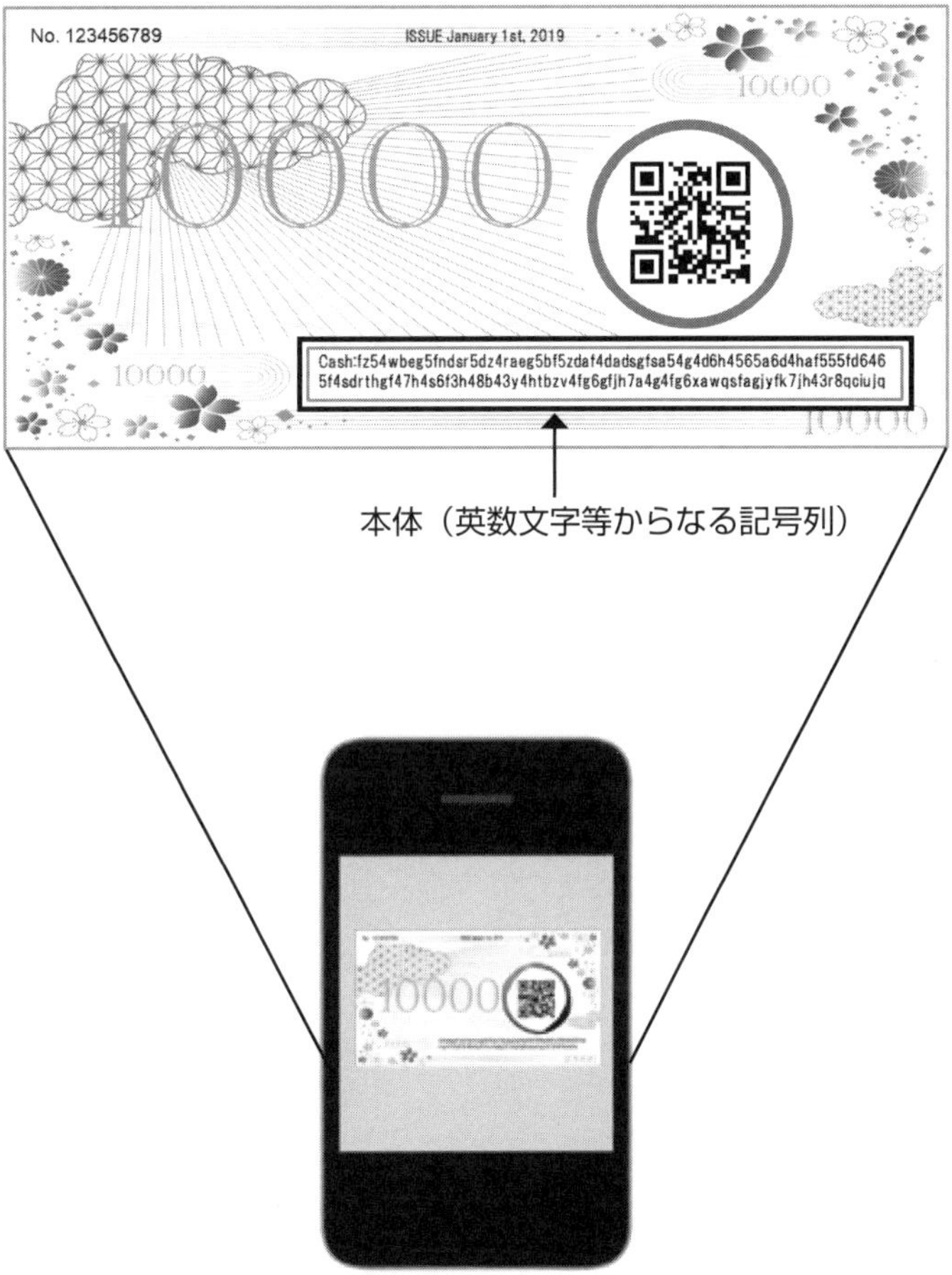

「クリプトキャッシュ」の本体は記号列であり、それを紙に印刷すると紙幣になる。コインに刻印すれば硬貨もできる。もちろんインターネット上でも使える。ただし、発行された記号列は1回しか使えない。「クリプトキャッシュ」は1回限り使える引換券である。

例えば、コインロッカーに100万円を入れておく。そして、世界に1個しかない、偽造できない、1回限りの鍵があるとしよう。この鍵を持っている人が100万円の所有者であると当事者間で確認できれば、鍵がコインロッカーにある100万円の引換券になる。鍵を渡せば決済にしろ送金にしろ、その時点で完了する。高額な支払いの場合には鍵に工夫をして、特定の人しか使えないようにしておくこともできる。「クリプトキャッシュ」を受け取った人は、次にまた新たに発行されるコインロッカーの鍵＝「クリプトキャッシュ」で買い物の決済や送金などを行う。

裏付けとなる資産と一対一対応になった完全暗号の記号列（「クリプトキャッシュ」）が1回ごとに発行され、少額決済から高額支払いまで、一対一対応で価値の交換が低コストで安全にできるのである。

ＭＩＴへの留学で人工知能（ＡＩ）の道へ

筆者は三重県出身で、慶應義塾大学理工学部前期博士課程在籍中の１９８８年、米国のＭＩＴ（マサチューセッツ工科大学）に留学した。その後、一時帰国し慶應義塾大学において修士課程を修了した。

ＭＩＴでは、クラウス＝ユルゲン・バーテ（Klaus-Jürgen Bathe）教授のもとで、機械や建築の構造計算法のひとつである有限要素法を学んだ。教授はこの分野の第一人者で、有限要素法研究はすでに完成の域に入っており、研究の中心は大変形問題に移っていた。筆者もその一員として研究に参加したが、非線形数学を必要とする大変難解な分野であった。

当時の筆者の能力を超えた内容に苦悩していたところ、ちょうど隣のハーバード大学で教鞭をとられていた世界的な数学者の広中平祐教授にお会いする機会を得て、得がたいアドバイスをいただいた。広中教授は当時、ベノワ・Ｂ・マンデルブロ教授等とカオス理論やフラクタル理論を牽引されており、一見複雑に見える現象も実は簡単な法則が支配していることが徐々に明らかになりつつあった。このような最新の非線形数学を学ぶことで、非線形を扱う術を習得することができた。

また、筆者は留学直後から、日本人として初めてMITの終身名誉教授となった増淵興一教授と親しくさせていただいていた。

増淵教授は溶接工学の世界的権威として、米国が初めて月面に人を送り込んだアポロ計画において、困難を極めたロケット用水素貯蔵タンクの設計に根本的な貢献をしたことで特に有名である。

ある時、増淵教授から、NASA（米航空宇宙局）における人工知能の宇宙利用についての研究に参加しないかというお誘いをいただき、バーテ教授の勧めもあって加わることになった。

当時、人工知能は第2次ブームを迎えており、人間と同等の知能をコンピュータで実現するという基礎研究に加えて、人工知能を医療やエンジニアリングなどの専門家の代わりに利用するエキスパートシステムといわれる研究が進んでいた。

筆者が参加したのは、宇宙船において事故が起きた時、地球との通信が途絶えた（または遠距離ゆえ時間がかかる）状況下で、エキスパートシステムに助言役をさせるというプロジェクトであった。

これをきっかけに、筆者は非ノイマン型コンピュータの代表例である人工知能の研究に携わることになった。

コンサルティングファームでの経験

ＭＩＴでは人工知能研究の道へ足を踏み入れつつ、実際には工学部に所属し、海洋工学科にてオーシャン・エンジニア（Ocean Engineer）、機械工学科及び土木環境工学科にてサイエンス・マスター（Science Master）の、計３つの学位を同時に取得した。

その後、諸般の事情からいったん日本へ帰国し、外資系大手コンサルティングファームのマッキンゼー・アンド・カンパニー・ジャパンに入社した。そこで、機械、商社、医療、運輸など、大手企業の幅広い案件に携わった。

マッキンゼーでは、ＭＩＴとは違った意味で得がたい経験をした。

1995年、日本は、阪神・淡路大震災と地下鉄サリン事件という大きな災害に見舞われた。一方、世界では新しいOSやブラウザの登場もあって、一般の人々の間でもインターネットが急速に普及し、これにともない多くの実験的なデジタルマネーが考案され実用化されつつあった。

当時、筆者は大手企業の依頼によりこれらのデジタルマネーについて現地調査を行う機会を得たが、貨幣をデジタル化するには当時の暗号技術はあまりにも脆弱であり、将来性は限りなくゼロであると報告した。ただ、一方では、暗号技術の研究がさらに進めば、デジタルマネーが普及する可能性は十分あるという確信を得た。

その後の筆者の研究に影響を与えたもうひとつのエピソードを紹介しておきたい。米国サンノゼでマッキンゼーのマルチメディア（すでに死語に近いが当時はこう呼ばれていた）に関する研究会が行われた。これは、世界各国の関係クライアントとコンサルタントが一堂に会して将来のマルチメディアに関する様々なトピックスを話し合う場であった。

筆者はインターネット上にアプリケーションとデータを置いて、インターネットでつながったPCからそれらを利用する新しいアーキテクチャーを提案したのだが、米国の先進企業から主に以下の2点について厳しい批判を受けた。

ひとつは、当時、インターネットの通信環境はまだナローバンドの時代であり、大量のデータ通信は現実的ではなかったことだ。しかし、これは時間の問題と考えられた。

もうひとつが、インターネットという公衆通信網を使う上でのセキュリティの問題であった。MIT時代、大学内にあったインターネットの開発チームとセキュリティをどう確保するかを様々に検討し、暗号技術が完成していなかったことから実装を諦めた経験があり、この指摘はもっともだと感じた。

いまから振り返ると、専門分野を深く掘り下げる大学と、幅広い案件に携わるコンサルティングファームという対照的な環境に身を置いたことで、筆者の中では人工知能に対する理解と発想が磨かれていったように思う。

そこから、新たな人工知能のアーキテクチャーに関するアイデアが生まれたのである。

人工知能における独自のアーキテクチャーを完成

この新たな人工知能のアイデアを形にすべく、筆者は1995年末でマッキンゼーを辞め、家業の株式会社 中村組の役員に就任し、その後まもなく株式会社 中村技術研究所（現・株式会社 エヌティーアイ）を設立した。

中村組は筆者の祖父、中村順一が創業した小さな建設会社だが、父、中村利一郎の代になって飛躍的に発展した。父は関西の企業が開発した「推進工法」という掘削技術を全国に普及させるにあたって重要な役割を果たした。

トンネル工法としては地下鉄工事や海底トンネルに不可欠なシールド工法が有名である。巨大な円盤状の掘削機が岩盤をくりぬいていき、そのすぐ後ろに人が入りコンクリートの壁をつくってトンネルをつくっていく工法である。ドーバー海峡のユーロトンネルの工事でも活躍した。

ところが、上下水道用のパイプなどは口径が小さく、人が入る工事は不可能だ。そこで、考案されたのが「推進工法」である。

まず、交通の邪魔にならないように立坑を2つ掘る。一方を発進坑、他方を到達坑と呼ぶ。発進坑の底に設置した半自動の掘削機で到達坑に向けて掘削しながら、すぐ後ろにパイプをつなぎジャッキにより次々に押し込んでいく（掘削の際に生じた石片や泥も同時に外へ排出していく）。

こうして、人がトンネル内に入らなくとも、掘削機が到達坑に到達した時点で掘削機を回収すれば、すでにトンネルは完成しているという非常に効率的なトンネル工法である。地面からパイプを設置する箇所全体を掘削する開削工法と違い、低コストで交通渋滞も緩和でき、何より安全な工法として、特に都市部の下水道敷設に活躍した。今ではカーブした敷設ルートや長距離の工事も可能だ。

ある日、発進坑に入って推進工事を視察していた時、究極の暗号通信に関するイメージが浮かんだ。発進坑と到達坑を直接つなぐことで、その間、地上に全く影響を与えずパイプ自体も安全になるという考え方は、暗号にも使えると閃いたのだ。

これが後の「エンド・トゥ・エンド・プロテクション」（159ページ参照）と完全暗号通信の基本的なアイデアになった。

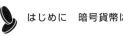

筆者は1996年後半から2014年まで、MITに客員研究員として戻り、日本と米国を行き来しながらこうした研究を進めた。

その間、大学院時代から直接的、間接的に教えを受けた、人工知能の父として知られるマーヴィン・ミンスキー教授の薫陶は忘れられない。非常に厳しい先生で、学生時代は質問ひとつするにも何度も何度も考え抜いて恐る恐る尋ねたものである。研究員時代には、筆者の研究をよく理解していただき、背中を押してもらった。

ミンスキー教授は、伝説的なコンピュータシステムの創始者アラン・チューリング博士、クロード・シャノン博士らとともに、現在のコンピュータの基礎を築いたとされるジョン・フォン・ノイマン博士の直系の研究者である。

それにもかかわらず、ノイマン型コンピュータの限界に気づき、非ノイマン型コンピュータである人工知能の研究を始めた偉人として知られる。自分が信ずるなら、あえて師と違う道を行く姿勢は、教授から学んだ。

ミンスキー教授の筆頭の弟子であるロドニー・ブルックス教授も、あえて師の反対をものともせず、改良型の「ニューラルネットワーク理論」や「サブサンプション理論」を提唱し、自律型ロボットやリアルタイムAIにつながる研究を行った。

この研究がアイロボット（iRobot）社の掃除ロボットとして有名な「ルンバ」に生かされた。アイロボット社の最高技術責任者（ＣＴＯ）兼取締役を務めた、ブルックス教授をはじめとする諸先輩方の研究も大変、刺激になった。

このように多くの偉大な師の姿や助言をもとに、筆者は２０００年、人工知能理論の新しいアーキテクチャーの開発に成功した。

そして、このアーキテクチャーに基づく一連の半導体回路を**ＣＰ（Cognitive Processor、コグニティブプロセッサー）**と名付けた。ＣＰとは、単なる記録や学習とは異なり、脳の認知に近い機能を表現しようと、当時ＭＩＴで脚光を浴び始めた"Cognitive Science（脳認知科学）"にちなんで命名したものだ。

ＣＰは、現在、第３次ブームとなっているマシーンラーニングと全く異なるアーキテクチャーを持ち、**高速学習と環境認識を特徴とする次世代の人工知能回路**である。

暗号鍵の配送問題を「一卵性双生児現象」で解決

CPシリーズの第1弾は基本回路であり、基本的な機能の研究に使用した。

このCPを高度集積して汎用回路とするには莫大な費用がかかるので先送りし、次にはコンサルティングファーム時代に積み残した課題であるインターネットでのセキュリティ分野を最初の応用例として選択した。

全く同じ回路構造を持つ2つのCPを、離れた地点であっても同じ環境で使用し続けると、何年経っても同じ信号を出力する。同じDNAを持つ一卵性双生児が同じ環境で育てられると、同じような性格、運動能力を持つといわれているのと同じ現象である。これを、**「一卵性双生児現象」**と名付け、**暗号鍵の配送問題の解決に応用**することにしたのだ。

一卵性双生児現象に特化したCPを「CP－2」と名付け、特にセキュリティ向けに開発した暗号専用チップを「CP-Security」と呼ぶことにした。

さらに、かつてクロード・シャノン教授が証明した**「暗号鍵がない場合に理論的に解読不可能な暗号アルゴリズム」をより実用的な形で実現**する方法についても研究を進め、独

「一卵性双生児現象」のイメージ

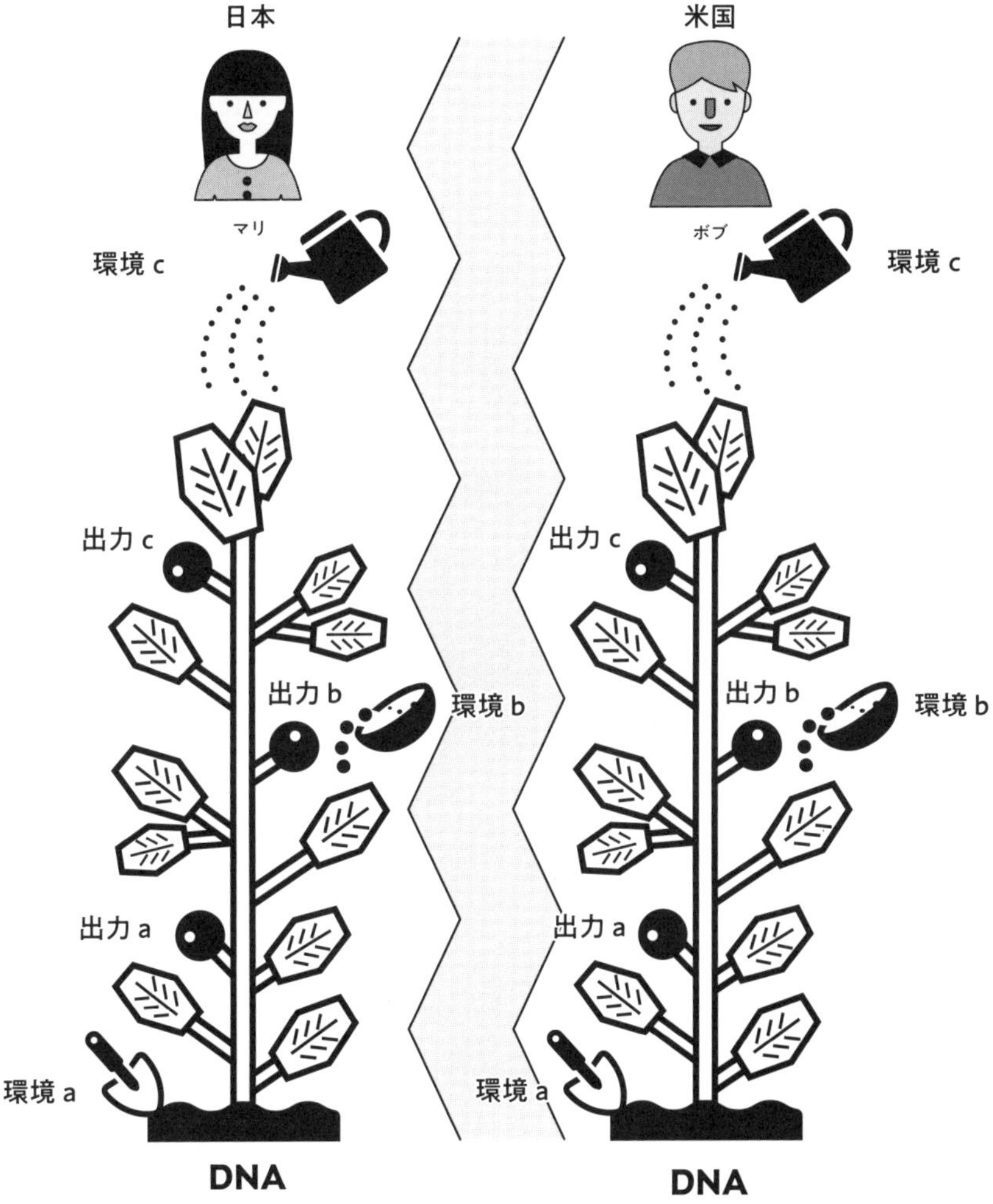

自の暗号アルゴリズムを開発。ついに完全に安全な暗号＝**完全暗号「コンプリート・サイファー」**を完成させたのである。

「クリプトキャッシュ」は、この完全暗号を応用したものにほかならない。

「クリプトキャッシュ」は現在、いくつかの国で法定通貨のデジタル版（狭義の暗号通貨）に利用する計画が進んでいる。

民間ベースでも、米共和党政権の支持団体と空手の国際組織がそれぞれ、独自の暗号資産を「クリプトキャッシュ」を利用して発行する予定である。

これらを皮切りに、「クリプトキャッシュ」はいよいよ実用段階に入ってきた。

「クリプトキャッシュ」は、**発行のコストや安全確保の手間がブロックチェーンに比べて圧倒的に少なく**、特定のコミュニティでのみ通用する**地域通貨**や、さらには**個人レベルでの発行**をも可能にする。

当面、国家が発行する法定通貨が基本的な社会の価値基準を提供することは変わらないとしても、「クリプトキャッシュ」を使って、多種多様なコミュニティや個人が、自らの価値観を目に見える形にして、他者へ提案したり共有することができるようになる。そして、それをベースに貨幣を発行する時代がやってくる。

「クリプトキャッシュ」が切り拓くインターネットの「第2ステージ」

１９８０年代に商用利用が開始され、90年代から急速に一般に普及したインターネットは、地球規模で、情報が自由にタイムラグなしで流通する新しい時代を切り拓いた。これを筆者はインターネットの「第１ステージ」と呼んでいる。

インターネットの「第１ステージ」はその初期においてヤフー（Yahoo!）に代表されるポータルサイトを生み、その中期に検索エンジンを中心とするグーグル（Google）が登場し、そして現在、その終わりに差し掛かってフェイスブック（Facebook）やインスタグラム（Instagram）、ライン（LINE）などのソーシャル・ネットワーキング・サービス（SNS）が全盛を極めている。

つまり、**「第1ステージ」においてインターネットは、世界中で情報を共有する「インフォメーション・シェア・プラットフォーム」として発展してきたのである。**

２０２０年。インターネットは新たな段階に進化する。インターネットの「第2ステージ」である。

「第2ステージ」においてインターネットは、小さなコミュニティの中のみならず、個人間においてさえも、これまで埋もれてきた**価値を見つけ、共有し、交換したりできる「バリュー・シェア・プラットフォーム」に姿を変える。**

それを可能にするのが**暗号貨幣「クリプトキャッシュ」**であり、「クリプトキャッシュ」の関連技術なのだ。

すでに新たな動きが、政治の世界で、金融の世界で、不動産の世界で、医療の世界で、空手の世界で、始まっている。この新たなプラットフォームの上で、誰が次のグーグル、フェイスブック、アマゾン（Amazon）をつくるのか。

インターネットの進化を正しく理解したものが、アイデア次第で新しい世界を構築できる。そのようなチャンスが世界の全ての人々にもう一度巡ってきた。

本書は、ビットコインやＱＲコード決済、ブロックチェーンなどデジタル資産を巡って

図表4 インターネットは「第1ステージ」から「第2ステージ」へ

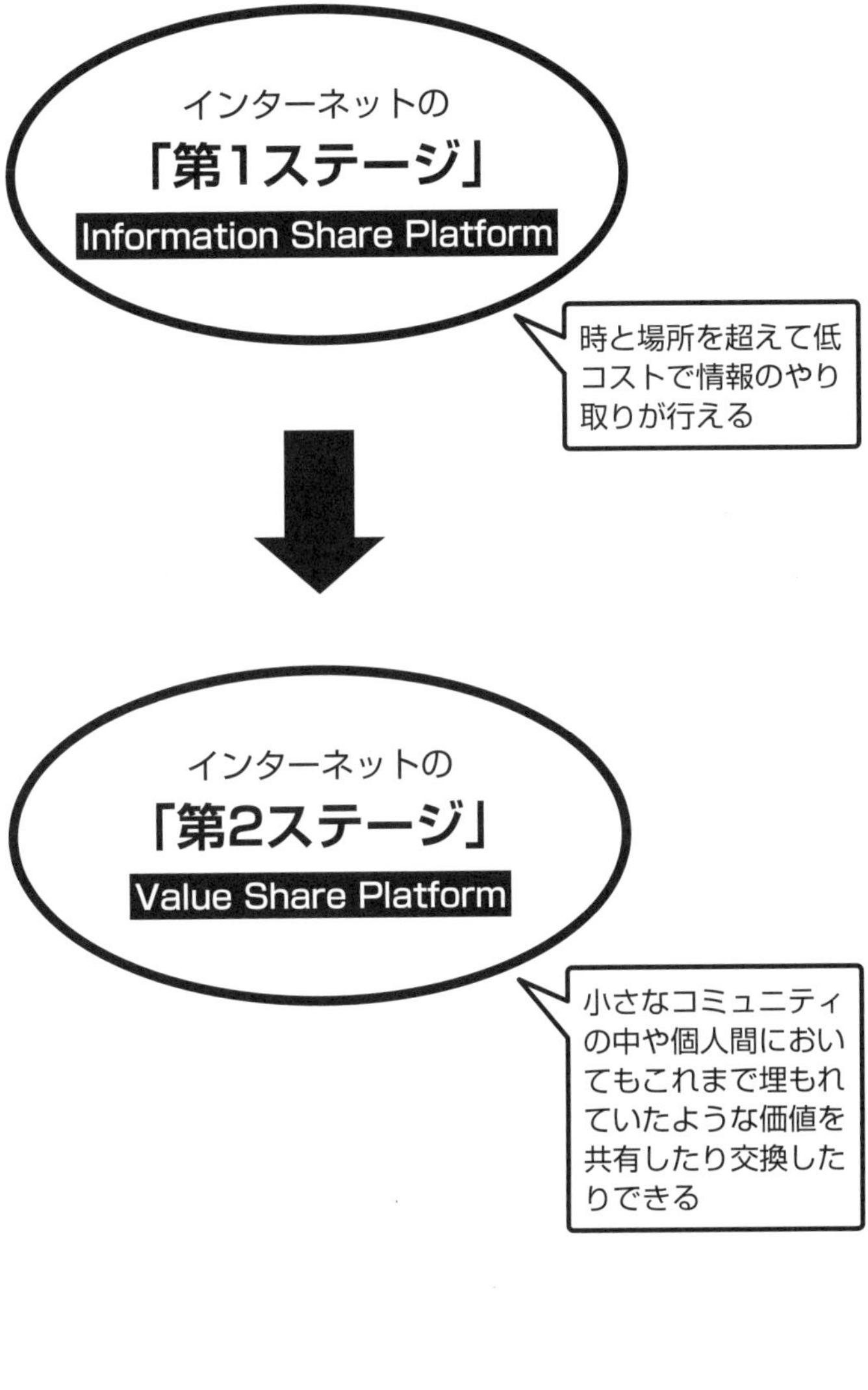
インターネットの
「第1ステージ」
Information Share Platform
時と場所を超えて低コストで情報のやり取りが行える
インターネットの
「第2ステージ」
Value Share Platform
小さなコミュニティの中や個人間においてもこれまで埋もれていたような価値を共有したり交換したりできる

様々な動きが錯綜している昨今の状況を整理するとともに、マネーと暗号の歴史を振り返りつつ、「クリプトキャッシュ」の全貌を初めて明らかにする。

また、これから到来する**ＩｏＴ**（Internet of Things、モノのインターネット）と**５Ｇ**の時代においては、**完全暗号「コンプリート・サイファー」**が不可欠の技術基盤となるはずであり、新しい技術が未来を変えるダイナミズムについても語りたいと思う。

多くの読者にとって、暗号貨幣と未来の社会を考える参考になれば幸いである。

※「コグニティブプロセッサー」、「クリプトキャッシュ」、「クリプトキャスト」、「クリプトプルーフ」、「クリプトチェーン」、「スマートキャッシュ」、「シックスペイ」、「ＳＩＭ銀行」、「クラウドインテリジェンス」は、いずれも株式会社　エヌティーアイにおいて商標登録（申請中を含む）されている。

第1章

キャッシュレスの先に見えてきた「暗号貨幣の新世代」

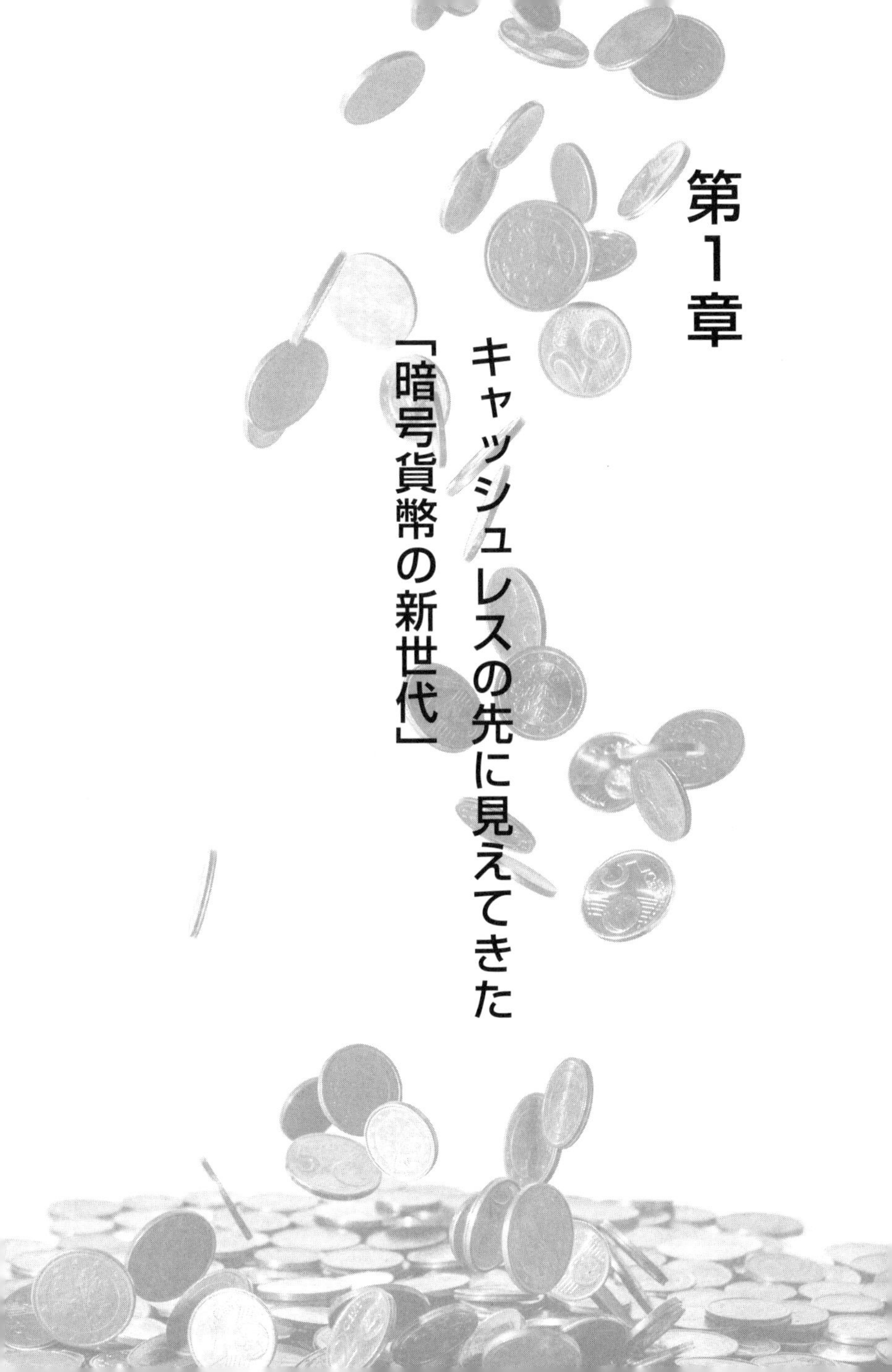

日本でも急速に進むキャッシュレス決済

２０１８年12月、ソフトバンクとヤフーが運営するペイペイ（PayPay）が「１００億円あげちゃうキャンペーン」を行い、大きな話題になった。ペイペイで決済した消費者に決済額の20％を還元し、さらに抽選で決済額を全額無料にするというもので、わずか10日で１００億円の予定額に達してしまった。ペイペイは２０１９年２月から第２弾の１００億円キャンペーンを行い、こちらも予定より半月ほど早く５月13日で終了となった。前後してラインペイ（LINE Pay）なども「20％還元キャンペーン」を実施。いまやスマホのアプリを利用したＱＲコード決済ブームが巻き起こっている。

政府でも、２０１９年10月の消費税率引き上げから２０２０年６月までの９カ月間、中小店舗でキャッシュレス決済した場合は５％、コンビニなどフランチャイズ店では２％をポイント還元する予定だ。これに備え、２０１９年３月時点でキャッシュレス決済事業者が１００社以上、経済産業省に仮登録を申請しているという。

図表5　各国のキャッシュレス決済比率の状況（2015年）

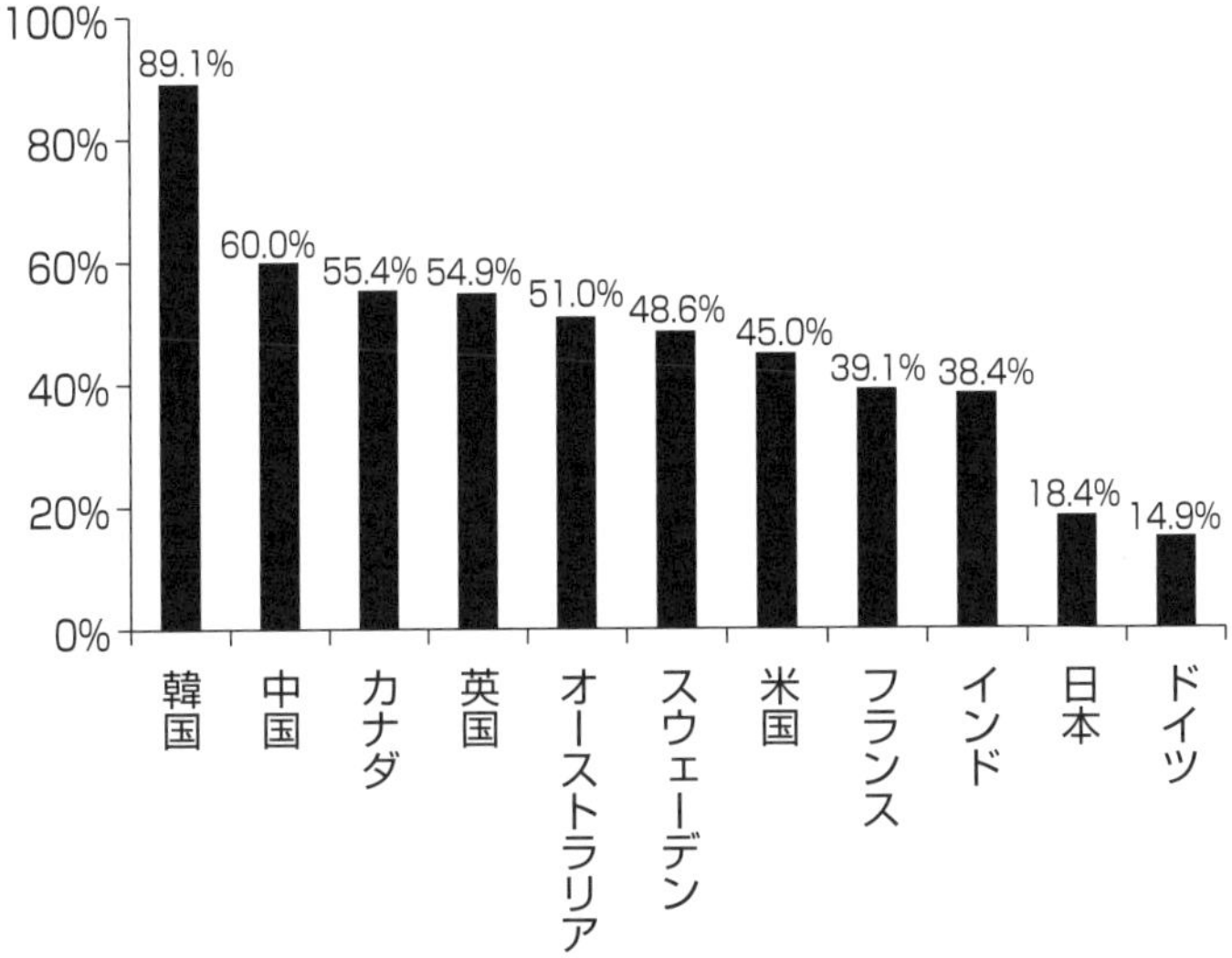

注：キャッシュレス決済比率＝キャッシュレス支払手段による年間支払金額÷国の会計最終消費支出
なお、キャッシュレス支払手段による年間支払金額は、国際決済銀行（BIS）年次報告書より「電子マネー決済額」及び「カード決済額（電子マネーを除く）」の和
（出所）経済産業省「キャッシュレス・ビジョン」（2018年4月）

ここでいうキャッシュレスとは、日常の少額の支払いや決済において、硬貨や紙幣といった〝現金〟を使わないことをいう。

もともと日本のキャッシュレス比率は世界的に見るとかなり低い。データにより差があるが、2015年時点で約20％だ。韓国の約90％、中国の約60％、米国の約50％と比べると半分以下だ。

これについて、「日本人は現金が好き」とか「日本の硬貨や貨幣は偽造が少なく品質がよ

図表6　1年間にオンラインショッピングで利用したことがある支払方法

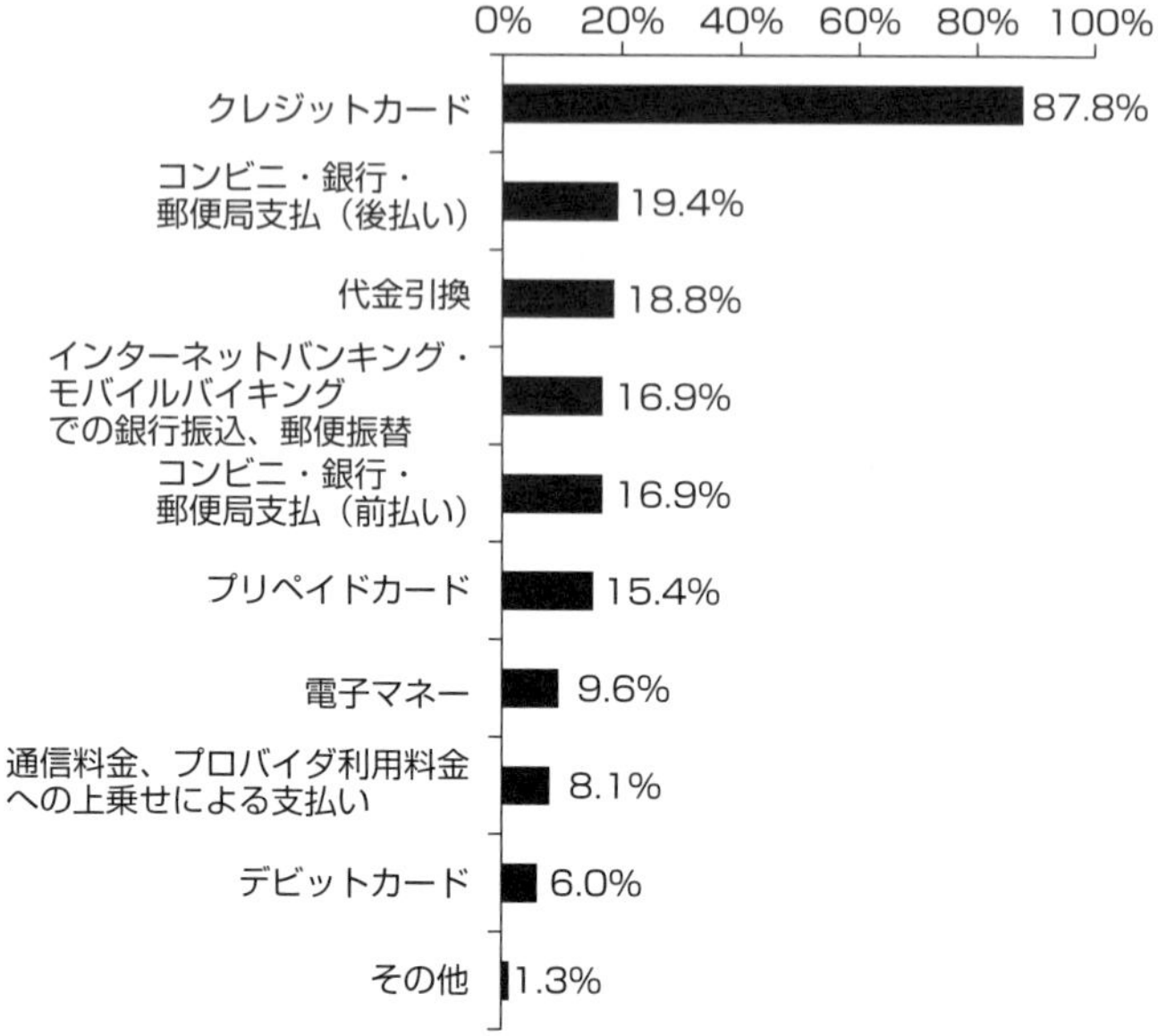

（出所）三菱UFJリサーチ＆コンサルティング「キャッシュレス決済に関するアンケート結果」（2018年6月26日）

い」、あるいは「ＡＴＭ（現金自動預入支払機）やコンビニなどどこでも現金が引き出せる」などいろいろ理由があるようだ。

とはいえ、日本でもこの10年ほどでキャッシュレス化が2倍になるなど着実に進んでいることは間違いない。

２０１８年６月時点の調査で、直近1年間にオンラインショッピングで利用したことがある支払方法としては「クレジットカード」

（87・8％）が圧倒的に多く、「コンビニ・銀行・郵便局支払（後払い）」は19・4％、「代金引換」は18・8％に過ぎない。

政府では２０１７年6月に閣議決定した「未来投資戦略２０１７」において、10年後（２０２７年）までにキャッシュレス決済比率を4割程度とする目標を掲げた。

さらに翌年には、キャッシュレス比率40％の達成期限を2年前倒しして２０２５年とし、将来的には80％を目指すとしている。

もし、本当にこの通りキャッシュレス化が進めば、いずれ日本でも日常で現金はほとんど見かけなくなる日が来るかもしれない。

キャッシュレス決済の手段はどんどん多様化

現在、クレジットカード以外にも様々なキャッシュレス決済の手段が登場している。媒体の形態や操作方法により整理すると、次の5つに分類できる。

①**クレジットカード・デビットカード**：専用のプラスチックカードと読み取り端末を利用。インターネット上でもカード番号と本人認証で使用可
②**インターネットバンキング**：ＰＣやスマホから銀行サイトにログインして操作
③**ＱＲコード決済**：スマホの専用アプリでＱＲコードを表示または読み取り操作
④**非接触型デジタルマネー**：専用のＩＣチップに少額を事前にチャージした上で利用
⑤**仮想通貨**：ＰＣやスマホから専用アプリを起動して操作

先ほども触れたが、このうち近年、大きく注目されているのが③のＱＲコード決済、そして⑤のいわゆる仮想通貨である。

例えば、三菱ＵＦＪフィナンシャル・グループ（ＭＵＦＧ）は新しいデジタル通貨として「コイン（ＭＵＦＧコイン）」の実証実験を進めており、２０１９年後半には実用化する予定とされている。これは円に連動（ペッグ）したステーブルコイン（⑤の一種）である。

また、みずほ銀行は、地方銀行約60行の銀行口座と連携したスマートフォン決済アプリ

「Jコインペイ（J-Coin Pay）」を発表。こちらはＱＲコード決済（③）だが、スマホに予めチャージできる点は④に近い。また、従来のサービス事業者系のＱＲコード決済と違って、預金口座に返金する際も手数料がかからないことなどで特色を出している。

このように現在進行形で様々な試みが次々に登場しており、キャッシュレス決済はまさに百花繚乱の様相を呈している。

これまではクレジットカードが優勢だったが、今後どれが生き残るのか、また主流になっていくのかは予断を許さない。

なお、参考までに支払時期（前払い、即時払い、後払い）で整理した経済産業省の資料を次ページに挙げておく（本書の分類とは多少異なる）。

安心して使えるキャッシュレス決済はない

このように現在、多種多様なキャッシュレス決済の手段が登場しており、ややもすると

図表7 キャッシュレス支払手段の例

	プリペイド（前払い）	リアルタイムペイ（即時払い）		ポストペイ（後払い）
主なサービス例	電子マネー（交通系・流通系）	デビットカード（銀行系、国際ブランド系）	モバイルウォレット（QRコード、NFC等）※プリペイ、ポストペイ可能	クレジットカード（磁気カード、ICカード）
特徴	利用金額を事前にチャージ	リアルタイム取引	リアルタイム取引	後払い、与信機能
加盟店への支払いサイクル	月2回など	月2回など	即日、翌日、月2回など様々	月2回など
主な支払い方法	タッチ式（非接触）	スライド式（磁気）読み込み式（IC）	カメラ／スキャナ読込（QRコード、バーコード）タッチ式（非接触）	スライド式（磁気）読み込み式（IC）
【参考】2016年の民間最終消費支出に占める比率（日本国内）	1.7%	0.3%	—	18.0%

（出所）経済産業省「キャッシュレス・ビジョン」（2018年4月）

その手軽さや便利さばかりが強調されている。

キャッシュレス化を推進している政府も、「キャッシュレスを通じたデータの利活用により、国全体の生産性が向上し、実店舗等、消費者、支払サービス事業者がそれぞれ付加価値を享受できる社会の実現」といったバラ色の未来像を描いている。

読者のみなさんもこうした風潮に影響され、「キャッシュレス化はいいことだ」となんとなく思っていないだろうか。

だが、本当にそううまくいくとは思えない。

最大の問題は、安心して使えるキャッシュレス決済が見当たらないことだ。筆者の見解では、皆無といってよい。

例えば、スイカ（Suica）やナナコ（nanaco）など非接触型デジタルマネーは1回のチャージ額を2万円から5万円程度に限定しているが、これはセキュリティが甘く、簡単にカード偽造ができ、データを盗まれてしまうための事前対策である。

利用限度額がはるかに高いクレジットカードでは、日本国内だけでも毎年１００億円を超える詐欺等の被害が発生している。

ＱＲコード決済にしても、ペイペイなどのキャンペーンで注目度が高まったのに比例して、詐欺被害が増えている。

ＱＲコードはもともと、特定のサイトへの移動をスムーズに行うために用いられていた技術であり、決済に利用することは想定されていなかった。セキュリティが甘いのも当然だ。

ＱＲコード決済で先を行く中国では、偽のＱＲコードを張り付けたりする単純な手口で多数の被害が発生している。

中国のＱＲコード決済システムを日本企業等に紹介しているサービス会社関係者はかつて筆者に、「中国は先進的なシステムを導入するだけの体力がなかったから仕方がないが、日本のような進んだ国でこんな遅れた技術が普及するはずがない」といった趣旨のことを語っていた。

中国では2018年9月、利用者からQRコード決済のために預かる資金については全額保全するように通知し、その運用を禁止した。また、中央銀行（中国人民銀行）はとりわけセキュリティの甘いQRコードについては、1日の支払額に上限を設定した。

「デジタルマネーのカンブリア紀」から「暗号貨幣の新生代」へ

「はじめに」でも触れたが、インターネットが普及し始めた1995年前後にも新しい決済手段として、デジタルマネーが大量繁殖したことがあった。筆者はこれを「**デジタルマネーのカンブリア紀**」と呼んでいる。

地球は約46億年前にでき、生物（全生物の共通祖先）が約40億年前に誕生したと考えられている。その後、生物の進化はゆっくりと続き、約5億4000万年前、地球の表面を海がほとんど覆いつくす中で、多様な生物が爆発的に登場した。これが「カンブリア紀」

だ。

「デジタルマネーのカンブリア紀」とは、インターネットが地球全体を覆いつくす中で、多様なデジタルマネーが登場したことを、これになぞらえたものである。

当時のデジタルマネーは、１９８３年のデヴィッド・チャウム（David Chaum）博士のデジタルキャッシュに関する論文に端を発する長い研究の成果であった。

チャウム博士自身もその後、「デジキャッシュ（DigiCash）」というデジタルマネーを考案し、自ら起業してデジキャッシュ事業を推進した。

「デジキャッシュ」を含め多くのデジタルマネーは、「公開鍵暗号方式」と呼ばれる暗号技術を用いてデジタル署名したデータを通貨とする点が特徴だった。つまり、公開鍵暗号方式による認証機能に依存する仕組みであり、後でも述べるが十分なセキュリティを確保できなかった。それゆえに滅びたのである。

地球では、カンブリア紀を含む「古生代」が終わると、気温の上昇や低酸素化でいったん生物種の８割近くが絶滅したと推定されている。

その後、約２億５０００万年前から始まった「中生代」に入ると再び植物・動物とも種類が増え、大型化していった。最近のキャッシュレス決済を巡る狂騒は、あたかも中生代に似ているように思う。

そして、中生代において特に大型化したのが恐竜である。ここ数年、世界規模で取引が急拡大したビットコインをはじめとする仮想通貨はまさに現代金融における恐竜の趣がある。これは、**「仮想通貨のジュラ紀」**と呼べるかもしれない。

しかし、ご存じのように恐竜はあまりに大型化しすぎたため、巨大隕石の落下による環境の激変に対応できず滅亡した。筆者には、仮想通貨の行く末はまさにこの恐竜の運命と同じに見えて仕方ない。

中生代の次に来るのは、哺乳類が進化し、知性を備えた人類が登場した「新生代」である。いま、暗号技術を用いた様々なインターネット上での決済手段が登場しているが、これから幕が開くのは**「暗号貨幣の新生代」**である。

その中からまさに、人工知能技術に支えられて発展していくのが「クリプトキャッシュ」である。

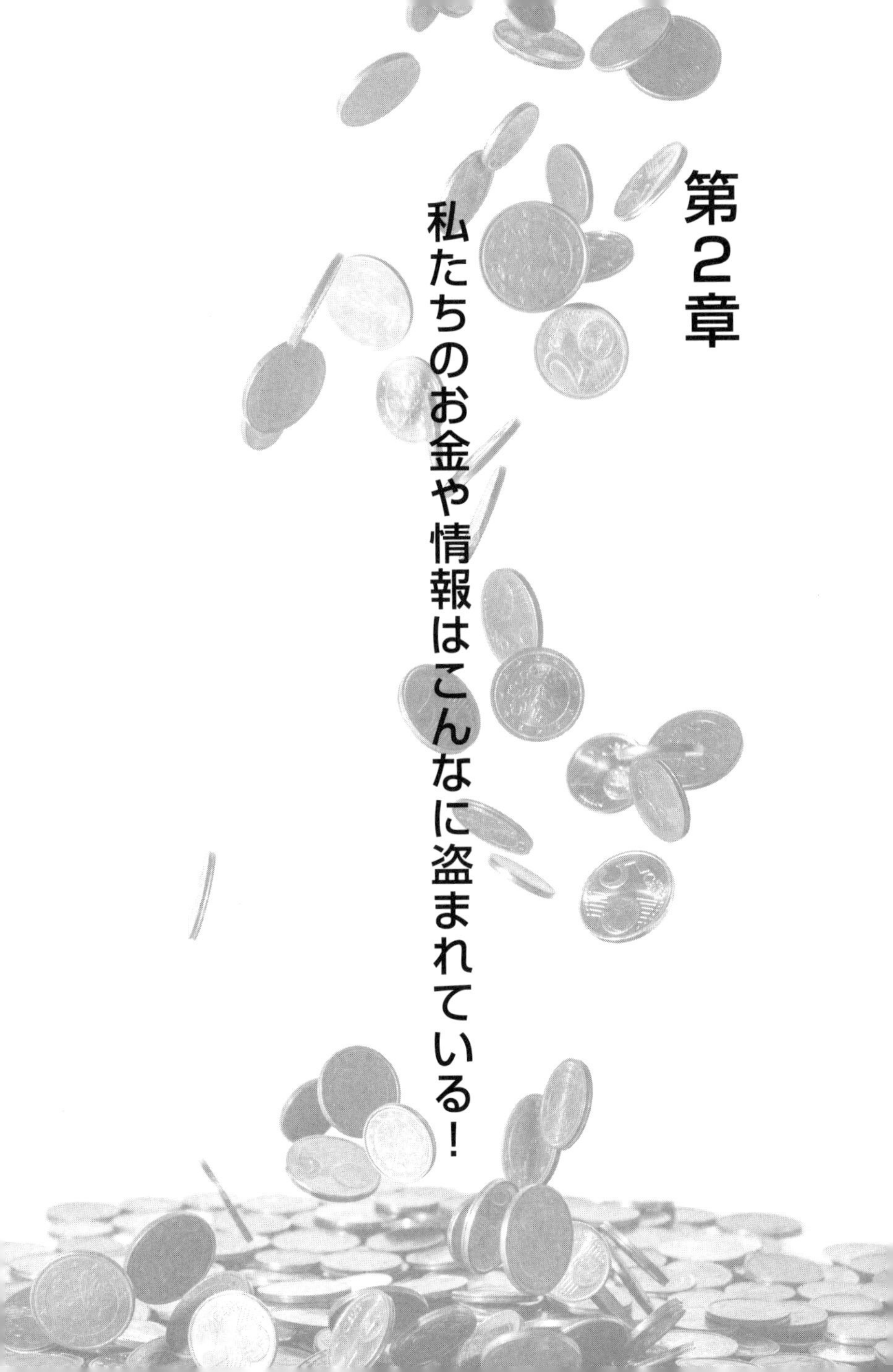

第2章

私たちのお金や情報はこんなに盗まれている!

年々増えているクレジットカード被害

インターネットが急速に普及し始めたのは１９９５年、米国のマイクロソフト社がウィンドウズ95をリリースしてからである。

インターネットは１９８０年代に一般に利用の門戸が開かれたものの、接続に専門的な知識が必要だったりしたため、ごく一部の研究者だけが利用する小規模なネットワークにすぎなかった。

そこにＨＴＭＬ言語で文字、画像、音声など様々な情報を記述したハイパーテキストシステムであるｗｗｗが登場し、ｗｗｗを簡単に利用できるブラウザ（モザイクが最初）ができ、さらにインターネットで広く使われるＴＣＰ／ＩＰという通信規格を搭載したＯＳシステム、ウィンドウズ95が市販されたことで、インターネットの利用は爆発的に広がった。

インターネットにより、世界中のウェブサイトがつながり、電子メールのやり取りなども自在にできる大変便利な世の中になった。

いまや買い物ひとつにしても、インターネット上で様々な商品やサービスを比較検討し、ネットバンキングやクレジットカードなどを使ってそのまま決済できる。

しかし、インターネットの普及は同時に、インターネット上での様々な被害の拡大をもたらした。

日本クレジットカード協会によると、クレジットカードの不正利用による被害は２０１６年に１４２億円だったものが、２０１７年には２３６億円超と6割以上増加しており、２０１８年以降もほぼ同程度の被害が続いている。

顕著なのが、不正に取得されたクレジットカード番号による被害だ。２０１６年の番号盗用被害額が88・９億円であったのに対し、２０１７年には１７６・７億円と倍近くに増え、現在はさらに拡大しているとみられる。

クレジットカードの不正使用は基本的に、クレジットカード情報が盗まれ、それがインターネット上で悪用されて起こる。

最近は、違法に盗まれたクレジットカード情報がインターネットの闇市場サイト（ダークウェブ）で不正に売買されるケースも増えている。

クレジットカード情報を盗む方法はいくつもある。

以前、多かったのが磁気ストライプカードに書き込まれている情報を抜き出し、同じ情報を持つカードを複製したりする「**スキミング**」だ。最近はカードのＩＣ化で減っているようだが、決してなくなったわけではない。

「**フィッシング**」は、大手企業や有名サイトを騙《かた》ったメールなどを使って偽サイトに誘導し、クレジットカード情報を入力させるものだ。

最近は「**フォームジャッキング**」といって、通販サイトなどを外部から改竄《かいざん》し、利用者が正規のサイトに入力した情報を外部に転送する手口が目立つようになっている。

店舗のレジなどにあるクレジットカードの読み取り機に不正プログラムを仕込み、読み取った情報を外部送信する「**ＰＯＳマルウェア**」も増えている。

被害の規模という点では、ホテルや航空会社など大量のユーザー情報を持つ企業のシステムに不正侵入し、顧客情報をまとめて盗み出す「**ハッキング（クラッキング）**」が昔もいまも最右翼だろう。

実は筆者も過去、クレジットカードの不正使用の被害にあったことがある。

米国シアトルで利用したレンタカーの追加料金を後日、請求されたのだ。直前にガソリンスタンドで満タンにしてシアトル空港で返却し、レシートなどの証拠は残っていた。

クレジットカード会社にはそう伝えたが、「調べてみたところ、追加料金はサンノゼ空港で乗り捨てをした料金です。レンタカー会社はあとで自由に追加料金を請求できることになっているので、証拠があっても支払いは発生し、カード会社としてはどうしようもありません」などと意味不明の理由で支払わされた（その後、米国に行った際、弁護士のお世話になり取り返すことができたが）。

翌年、今度はカード会社からメールが来た。フィッシングやウイルス感染を用心し、カード会社の担当者に直接、電話したところ、「お客様のカード番号が盗まれて、不正に使われているようです」という。一部のショッピングサイトではクレジットカード番号だけで決済ができるということであった。電話している最中にも10件くらいカード利用の承認申請の通知が来ているという。「もちろん、全部止めているので安心してください」というので、逆に驚いてしまった。

そのカード会社では新しくＩＣチップ搭載のカードを発行するのでより安全になるとい

図表8 クレジットカード被害の手口は様々

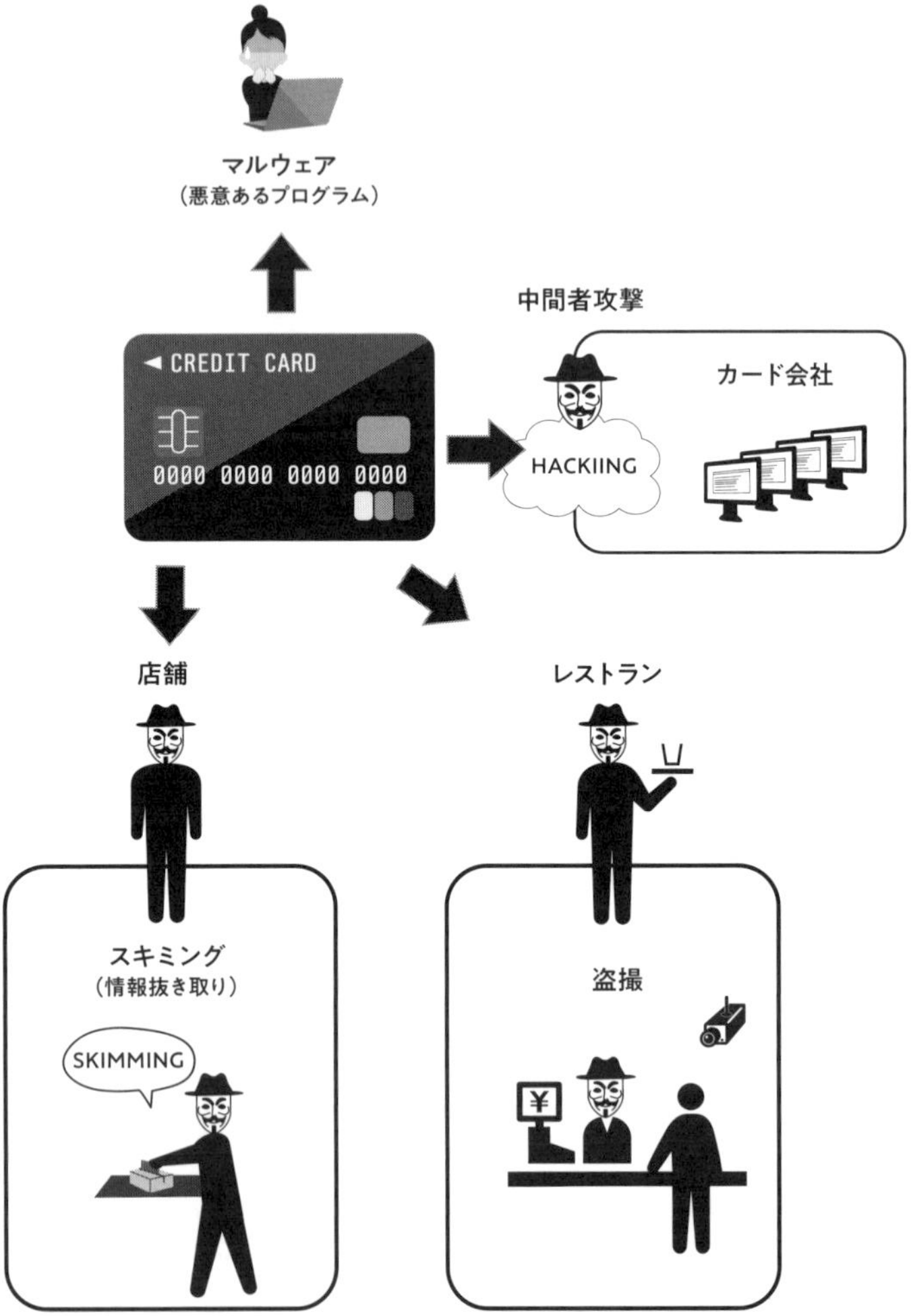

う説明だったが、はなはだ疑問に感じた。

何しろクレジットカード番号だけで決済ができるサイトがあるぐらいなので、今回のように実店舗で使用しない場合、ＩＣチップは全く役に立たない。その旨を伝えたところ、「そうなんです。ですから今後も明細を必ず確認して、もし不明な点がありましたら必ずご連絡ください」とのことであった。

これだけＩＴ技術が進んだ現代でも、クレジットカードの不正使用については自己防衛するより仕方ないということであろう。

世界中のネット被害は年間２兆ドル？

世界規模でみると、インターネット関連の被害は桁違いに大きい。

いささか旧聞に属するが、２００９年１月に開かれた世界経済フォーラム（ダボス会議）においてコンピュータセキュリティ最大手企業の会長から年間１兆ドル（約１１０兆円）の被害が発生しているとの発言があった。

それから10年経って、被害が減っているとはとても思えない。セキュリティの専門家の間ではすでに2兆ドル（約220兆円）に達しているのではないかといわれている。

最近では2019年5月、ユニクロとGUのネット通販サイトで46万件あまりのアカウントで不正ログインが確認され、顧客の名前や住所、電話番号、クレジットカード情報の一部などが流出した可能性があるというので話題になった。

しかし、46万件など微々たるもので、2010年以降、世界では毎年数千万件や数億件レベルの情報流出が続いている。

過去最大規模だったのは2013年8月、大手検索サービスの米ヤフーにおける30億アカウントのデータ流出だ。何者かがネットワークに不正侵入し、利用者が作成した全てのアカウントについて氏名や電話番号、生年月日などが流出した（クレジットカードや銀行口座の情報は含まれていなかったという）。

また、2018年9月には、ホテル業界最大手の米マリオット・インターナショナル傘下のスターウッド・ホテルの予約データベースから、約5億人分の顧客情報が流出した可能性があることが判明した。流出した情報のうち3億2700万人分についてはパスポー

図表9 21世紀に発生した大規模情報漏洩事件の例

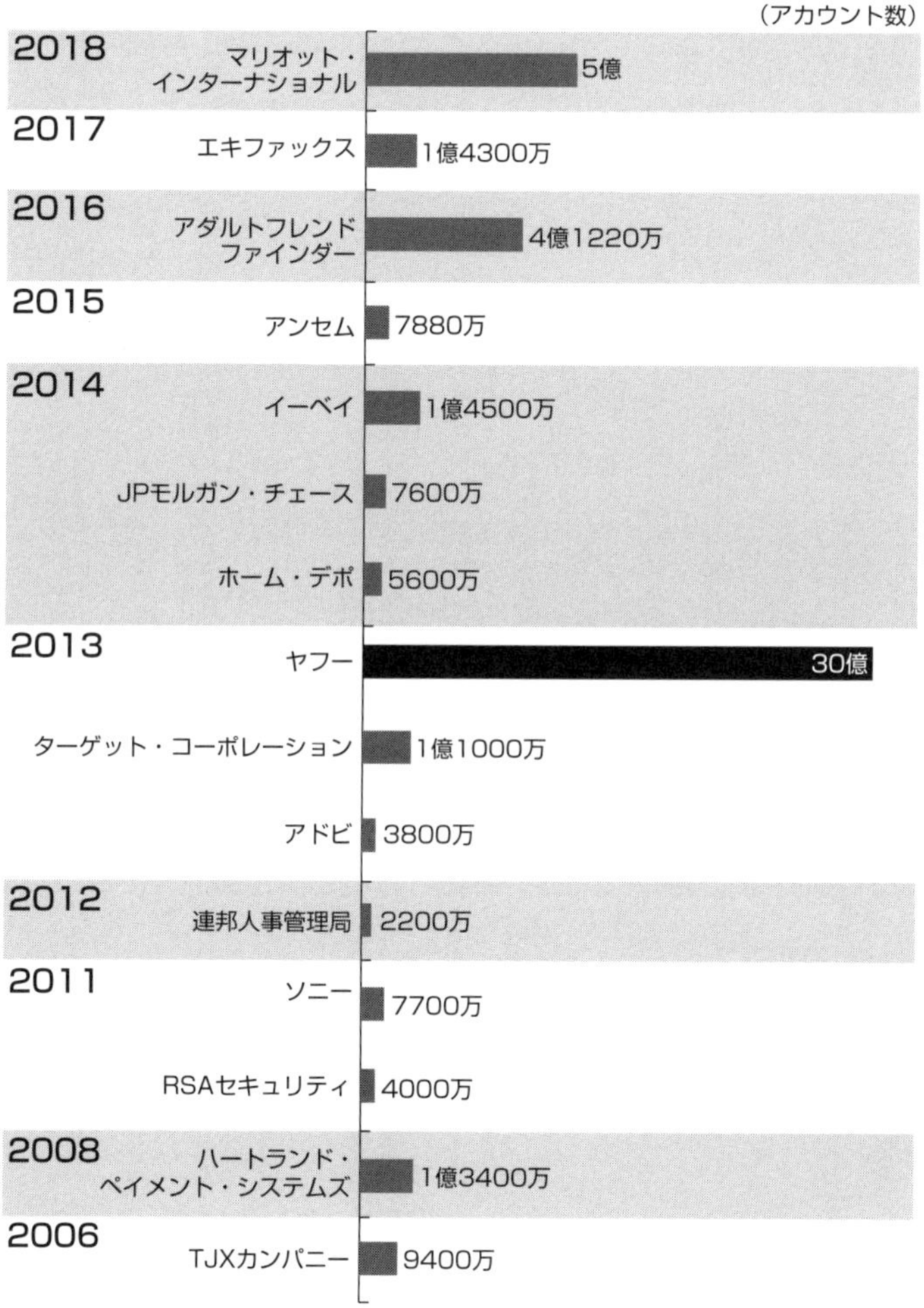

（出所）米CSOレポート

トや電話番号、電子メールアドレスが含まれ、さらに一部の顧客についてはクレジットカード番号が含まれる可能性もあるという。

日本でも、例えば２０１１年４月から６月にかけ、ソニーグループ全体で１億２６１万件あまりの個人情報漏洩事件があった。さらに２０１４年11月、ソニー・ピクチャーズから再び４万７０００人分、合計１００テラバイト超の可能性のある個人情報漏洩が発生した。

このほかにも、２０１５年５月の日本年金機構における１２５万件の個人情報漏洩事件や、２０１５年11月の三菱東京ＵＦＪ銀行（当時）における振込情報約１万４０００件の外部流出事件など、セキュリティ対策を万全に行っていると一般には思われている大手事業者においても大量の漏洩事件が続いている。

なお、２０１４年７月のベネッセにおける２９００万件の個人情報漏洩事件（子供や保護者の住所や氏名、電話番号、子供の性別や生年月日など）は、委託先従業員による外部持ち出しという人的漏洩なので別の問題に聞こえるかもしれない。

しかし、こうしたケースも正しい技術による正しい対策さえしていれば、ここまでの大量流出が起こることはあり得なかっただろう。

最新といわれるセキュリティ対策にも穴

こういう話をするとよく聞くのが、「そうはいってもセキュリティ対策はどんどん進歩しているのでは？」という声だ。

例えば最近、クレジットカード会社などでは「３Ｄセキュア」と呼ばれる新しいセキュリティ対策を導入している。

従来、インターネット上でのクレジットカード決済は、カード番号や有効期限、セキュリティコードなどカードに記載されている情報だけで行えた。

これに対して「３Ｄセキュア」はネット決済にあたってさらに、予めカード会員が設定したり、カード会社から送信されたりしたパスワード入力が要求される。これによって、クレジットカード情報の盗用による〝なりすまし〟などの不正利用を未然に防止できるという。

確かに、これによりセキュリティのレベルは多少上がるだろう。だが、そもそも他人名義のクレジットカードを不正に入手すれば、会員本人になりすまして「３Ｄセキュア」を簡単にクリアできる。

また、カード会社によっては３Ｄセキュアのパスワードがクレジットカードの会員本人の名前や誕生日など容易に推測できる場合、補償を適用しないとしている。そうした方法で被害が発生している証左だ。

ＩＣチップ搭載にしろ３Ｄセキュアにしろ、対症療法にすぎない。根本治療を行わない限り、問題の解決にはならない。

懸念される企業側の後ろ向きの対応

サイバーセキュリティを巡るこれまでの事件を振り返って、筆者が特に危惧するのは企業側の対応が後ろ向きであることだ。

米ヤフーからの30億アカウントのデータ流出は、３年以上も経った２０１６年9月になって初めて会社側が公表した。マリオット・インターナショナルのケースでも、不正アクセスは４年前の２０１４年に始まっていたという。気づくのが遅れたのかもしれないが、それにしても時間が経ちすぎている。

先ほど触れたソニーグループの情報流出でも、実は筆者たちは２０１０年の段階で同社の法務関係者に完全なセキュリティ技術の採用を提案したが、自社技術で十分との回答であった。


筆者がＩＴコンサルタントの知人から聞いた次のエピソードは、企業側のこうした姿勢の内幕を窺わせる例として大変、興味深い。

ある時、知人が情報セキュリティとは別の案件で関わっていた大手企業で、海外からのハッキング攻撃が発覚した。被害は予想以上に深刻で、第三者に見られてしまったデータをログから特定したところ、国家的安全保障に関わる重大な情報が含まれていた。企業内に対策チームが設けられ、彼もそのチームを手伝うことになった。

ログからアクセス元はアジアのある国と判明し、手口などから組織的ハッキングと推定された。ハッカーたちはプロ集団と思われ、データを圧縮して複数のファイルに分割し外部へ送信していた。

だが、ハッカーが作成したファイルは暗号化されていたため、外部へ送信されたデータにどのような内容が含まれていたのかを確認することはできなかった。

この事案は情報漏洩の規模や参照されたデータの重大性からすると、企業の社会的責任の問題としても、株主に対する説明責任の問題としても、国家安全保障の問題としても、公表・説明すべきものであった。

しかし、公表は見送られた。同社の関係者は公表を避けたかったのだ。

そのために用意された理由は、「盗まれた情報を特定できないので被害を特定できない。被害を特定できないのだから、被害を公表する必要はない」ということであった。ただし、警視庁へは内々に被害届を提出し、関係官庁への報告も行われた。

この事件の直後はコストを度外視してもセキュリティ対策を強化するよう社内に指示が出た。ところが、時間の経過とともにコストの上限が設けられた。さらには、「完全な対策は不可能だ」との判断から「事件が再発した場合の被害の最小化」と「経産省などへ〝言い訳〟できるようにすること」の2つを目的とするセキュリティ投資へとシフトしていった。セキュリティ機器の選択についても、セキュリティ性能よりオペレーションの利便性が優先するようになったという。

残念ながらいまだに多くの企業は、同じような行動をとるのではないだろうか。

なぜなら、「情報セキュリティは費用対効果が見えにくく、まだ起こっていないリスクを定量化し、想定損害額を算定した対策をとることは困難だ」と考えているからだ。特に、経営層にそうした発想が根強く残っている。

このような発想になってしまうのは、情報セキュリティについての理解と具体的な対策が明確になっていないと考える人が多いからだ。

多くの人が考える情報セキュリティは、「サイバーセキュリティ」という言葉で代表されるネットワークの破壊・攪乱に関するセキュリティである。

しかし、これは情報セキュリティ上の４つの脅威のうちのひとつに過ぎない。むしろ残る３つが本質的な脅威であり、早急に対策を講じないといけない問題だ。

その３つとは、

①情報の盗難
②情報の改竄
③認証情報の不正使用によるなりすまし

である。
これら３つの脅威に対しては、完全暗号によって初めて根本的対策が可能となる。
外交、防衛、経営の各分野において、早急な対策を期待したい。

第3章

ビットコインの消滅はもはや時間の問題

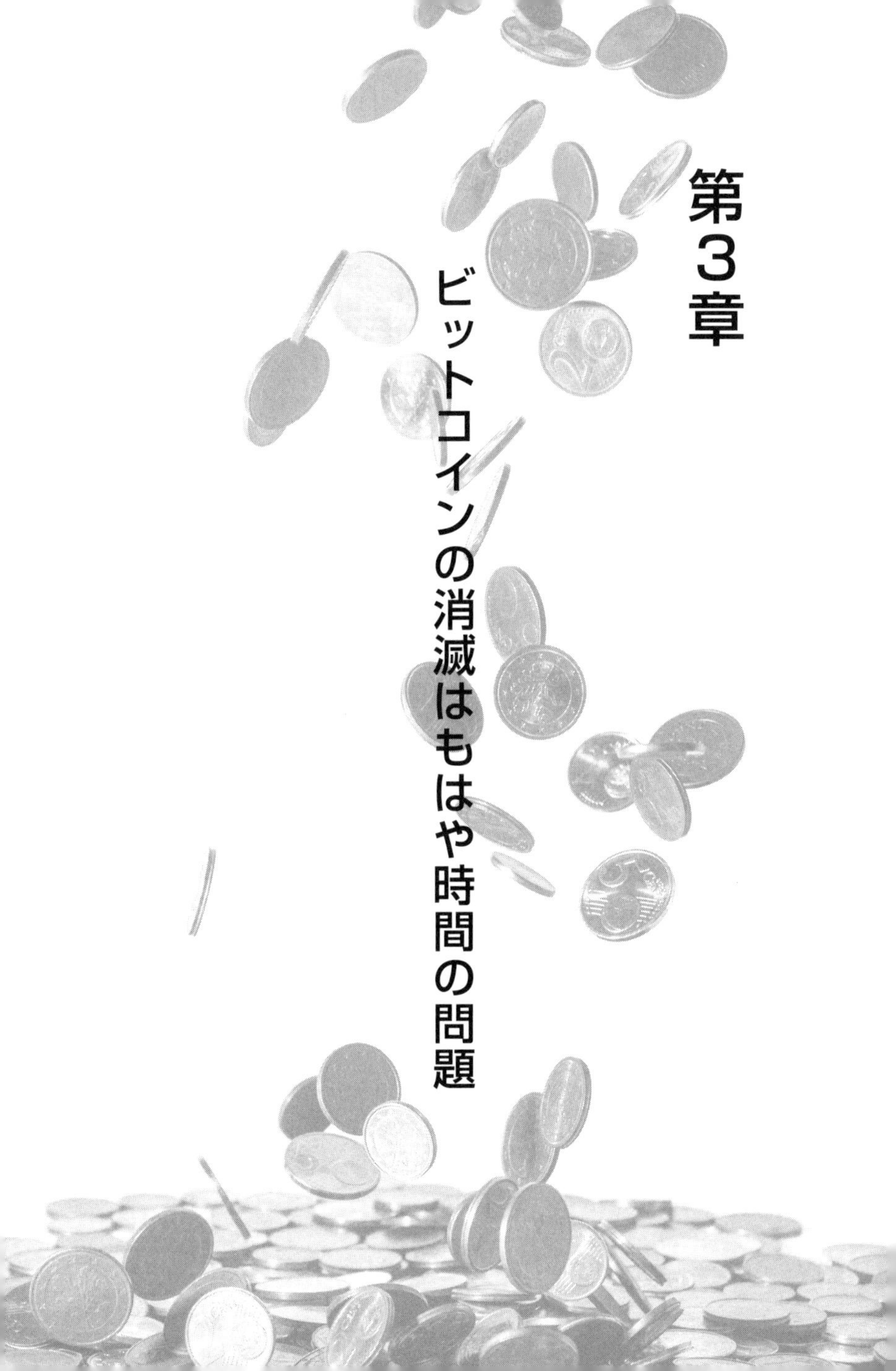

ビットコインを巡って噴出する数々のトラブル

キャッシュレス時代を象徴するのが、いわゆる「仮想通貨」である。現在、4000種類以上あり、全世界での時価総額は数十兆円程度といわれている。

そして、仮想通貨の時価総額の実に8割を占めるのが「ビットコイン」だ。2009年、ブロックチェーンを用いた初めての仮想通貨として登場し、ここ数年の乱高下で一気に有名になった。

ほかにもビットコインと同じような仕組みを用いた「アルトコイン」と呼ばれる仮想通貨や、ビットコインをベースにした「カラードコイン」と呼ばれる仮想通貨も次々と生まれている。

ビットコインはまさに、仮想通貨の代名詞といっていいだろう。

しかし、ここにきてビットコインを巡って様々な問題が噴出している。

例えば2019年3月、米国の仮想通貨運用会社が米証券取引委員会に提出した報告書で、世界の仮想通貨交換所におけるビットコインの実際の取引量は公表された値の20分の1以下ではないかと指摘したという。売りと買いを機械的に付け合わせ、見せかけの取引を膨らませているのではないかというのだ。

また、ビットコインの大幅な値下がりによりいわゆる「マイニング」での利益がなくなったため、「マイニング」を行う会社や個人が減少している。日本では2018年12月、GMOインターネットがマイニング事業で約355億円の特別損失を公表、事業の縮小に踏み切った。DMM.comも同時期、マイニング事業からの撤退を公表している。

最近はまた値上がりが見られるが、これは一時的な現象にすぎない。

本章ではビットコインの本当の姿を分かりやすく解説し、その消滅がもはや時間の問題であることを明らかにしてみたい。

そもそも「ビットコイン」とは何か？

ビットコインは、2008年10月31日に発表されたナカモト・サトシ（Satoshi Nakamoto）

なる人物がインターネット上に公開した論文から始まった。

論文は日本語訳もインターネット上に公開されており、簡単に入手できる。日本語訳はA4判で10ページ程度のものなので、興味のある方はぜひ一読されるとよいだろう。

論文のタイトルは、〝Bitcoin：A Peer-to-Peer Electronic Cash System〟である。

「Peer-to-Peer」（P2P）とはコンピュータ・ネットワークにおける通信方式のひとつで、端末同士が対等な立場で直接、やり取りすることを指す。反対がクライアント・サーバー方式で、各端末（クライアント）は中央にあるサーバーを介してやり取りする中央集権的なシステムを指す。

また、「Electronic Cash」とはもともと、ドイツにあったデビットカードの名称だが、ここでは「デジタルマネー」の意味で用いられている。

つまり、この論文は個人同士が直接、やり取りするデジタルマネーのシステムをつくるアイデアをまとめたものだ。

ナカモト氏は、インターネットでの商取引のほとんどが銀行やクレジットカード会社など信用できる第三者機関を介して行われている現状を踏まえつつ、〝信用〟ではなく〝暗

図表10 ビットコインの原論文の冒頭

Bitcoin: A Peer-to-Peer Electronic Cash System

Satoshi Nakamoto
satoshin@gmx.com
www.bitcoin.org

Abstract. A purely peer-to-peer version of electronic cash would allow online payments to be sent directly from one party to another without going through a financial institution. Digital signatures provide part of the solution, but the main benefits are lost if a trusted third party is still required to prevent double-spending. We propose a solution to the double-spending problem using a peer-to-peer network. The network timestamps transactions by hashing them into an ongoing chain of hash-based proof-of-work, forming a record that cannot be changed without redoing the proof-of-work. The longest chain not only serves as proof of the sequence of events witnessed, but proof that it came from the largest pool of CPU power. As long as a majority of CPU power is controlled by nodes that are not cooperating to attack the network, they'll generate the longest chain and outpace attackers. The network itself requires minimal structure. Messages are broadcast on a best effort basis, and nodes can leave and rejoin the network at will, accepting the longest proof-of-work chain as proof of what happened while they were gone.

1. Introduction

Commerce on the Internet has come to rely almost exclusively on financial institutions serving as trusted third parties to process electronic payments. While the system works well enough for most transactions, it still suffers from the inherent weaknesses of the trust based model. Completely non-reversible transactions are not really possible, since financial institutions cannot avoid mediating disputes. The cost of mediation increases transaction costs, limiting the minimum practical transaction size and cutting off the possibility for small casual transactions, and there is a broader cost in the loss of ability to make non-reversible payments for non-reversible services. With the possibility of reversal, the need for trust spreads. Merchants must be wary of their customers, hassling them for more information than they would otherwise need. A certain percentage of fraud is accepted as unavoidable. These costs and payment uncertainties can be avoided in person by using physical currency, but no mechanism exists to make payments over a communications channel without a trusted party.

What is needed is an electronic payment system based on cryptographic proof instead of trust, allowing any two willing parties to transact directly with each other without the need for a trusted third party. Transactions that are computationally impractical to reverse would protect sellers from fraud, and routine escrow mechanisms could easily be implemented to protect buyers. In this paper, we propose a solution to the double-spending problem using a peer-to-peer distributed timestamp server to generate computational proof of the chronological order of transactions. The system is secure as long as honest nodes collectively control more CPU power than any cooperating group of attacker nodes.

（出所）https://bitcoin.org/bitcoin.pdf

号化された証明〟に基づく電子取引システムを提案する。

それは、「時系列取引のコンピュータ的証明を作成するP2P分散型タイムスタンプ・サーバー」（これがいわゆるブロックチェーンのことである）を用いた、二重支払い問題の解決策となるものだという。

そもそもビットコインは、インターネット上での商取引の新しい決済手法として提案されたのである。

しかし、いままでのところビットコインはかろうじて送金には使えるが、ほとんどの取引は投機目的であり、決済手法としては全くといっていいほど使われていない。

ビットコインのこれまでの経緯

ビットコインのこれまでの経緯を簡単に振り返ってみよう。

ナカモト氏の論文が発表されてから2カ月後、2009年1月3日にナカモト氏自身によってビットコインの最初のブロックがつくられた。設計仕様によってこの時50ＢＴＣ（ＢＴＣはビットコインの通貨単位）が付与されたと思われる。価値はまだゼロであった。

同年1月9日、ビットコインのアプリケーションのバージョン０・１が公開され、ビットコインのネットワークに誰でも参加できるようになった。1月12日には最初のビットコインの取引として、ナカモト氏からソフトウェア開発者へＢＴＣが送金された。

同年10月5日、ニュー・リバティ・スタンダード（New Liberty Standard）を名乗る参加者によりビットコインと法定通貨との交換レート、1ドル＝１３０９・03ＢＴＣが初めて提示された。この金額は、ビットコインの「マイニング」に必要な当時の電気料金から算出したものだったという。

２０１０年5月22日、商品取引に初めてビットコインが使われた。ピザ2枚（約25ドル）と1万ＢＴＣが交換された。ただし、ピザ店がビットコインを受け取ったわけではなく、ピザの購入代金を第三者にビットコインで支払い、その第三者がピザを通常の方法で支払ったという。

その後もビットコインの取引は続いたが、おそらく関係者によるゲーム的なやり取りだったのではないだろうか。２０１２年11月にはブロック数が21万となり、当初の設計仕様に従って「マイニング」によるＢＴＣの新規発行（報酬）が50ＢＴＣから25ＢＴＣへと半減した。

この当時、ビットコインはまだほとんど注目されておらず、取引がそれほどあったとは思えない。それにもかかわらず、２年半ほどで21万ものブロックがつながっている。いわゆる「空マイニング」が含まれる可能性は高い。

「空マイニング」とは、ほとんど取引がないにもかかわらず想定の時間（ビットコインでは約10分）が経過したということでブロックをつなげてしまう行為だ。ブロックをつなげばそのことにより、仮想通貨の新規発行（報酬）が受けられる。

ビットコインに限らず、ブロックチェーンを用いた仮想通貨には多かれ少なかれ、「空マイニング」の問題が内包されている。

ビットコインへの注目が一気に高まったのは２０１３年３月のことだ。ギリシャ経済危機の煽りを受け、隣国のキプロスでは預金の引き出し制限や海外への送金規制が行われた。この時、キプロス国内から資産を持ち出すためにビットコインの人気が高まり、１ＢＴＣ＝２６６米ドルにまで上昇した。

その後、価格の上昇と下落を繰り返しながらもビットコインの認知度は高まっていき、２０１４年12月頃から米国内でデルやマイクロソフトがビットコインでの決済を受け入れるようになった。

２０１６年7月にはブロック数がまた21万増え、「マイニング」の報酬は25ＢＴＣから12・５ＢＴＣへ半減した。この頃には世界中で参加者が急速に増えつつあった。

それまでも大量の偽造事件や、東京都に拠点を構えるビットコイン交換所（マウントゴックス、Mt.Gox）からの盗難事件などがあったが、ビットコインにとって大きな試練となったのが２０１７年8月1日のハードフォーク（ブロックチェーンの分裂）だ。

取引の急増にともない従来のビットコインのブロックチェーン（ブロックサイズの上限１ＭＢ（メガバイト））では対応できなくなり、新たな仮想通貨として「ビットコインキヤッシュ」（ブロックサイズ上限８ＭＢ）が枝分かれしたのだ。「ビットコイン」もその後すぐ、ブロックの署名部分を別の領域に格納するセグウィット（SegWit）と呼ばれる技術を導入。理論上、ブロックの格納上限が４ＭＢ（現実的には最大約２ＭＢ）まで拡大した。

ビットコインの価格急騰の裏事情

ハードフォークへの警戒から一時は取引が急減したが、意外にもハードフォーク後「ビットコイン」の人気はさらに高まった。しかし、米国の先物取引所に上場されたことにより、空売りが可能になり価格は急落していった。

この時、もうひとつの事情があったことはあまり知られていない。

中国において富裕層が仮想通貨を利用して個人資産を海外へ移す動きが広まっていた。これを問題視した中国政府が仮想通貨の取り締まりを強化し、２０１７年９月にＩＣＯが禁止された。これをきっかけに、仮想通貨の取引が大幅に規制されるのではないかとの懸念が広がり、それまでビットコイン取引の主たるプレーヤーだった中国系の仮想通貨取引所にとって、自身が所有する大量の仮想通貨の処理が大問題となった。

これら取引所は、株式などの取引所とは異なり、取引仲介をするだけでなく、自身が大量に仮想通貨を保有して売り手にも買い手にもなる。両替商のようなものだ。自身の顧客から預かった仮想通貨も自身のものとごちゃ混ぜにして取引をするので、セキュリティ上も大いに問題があった。

後日、顧客のものだけは別のウォレットと名付けられたアプリケーション（資産保管場所）に、できればネットにつながっていないコールドウォレットに保管して安全を確保するという対策が講じられたが、いずれにせよ当時の中国国内の仮想通貨取引所はお互いに情報交換をしており、中国国外の投資家などに高値で売り捌くことを望んでいた。

２０１７年初め、ビットコインと取引される法定通貨はほとんどが中国元だったが、２０１７年終わりにはそれが日本円に変わった。同年12月17日、日本円とビットコインの取引価格（終値）は史上最高の２２２万７３８８円を記録した。日本人投資家の中には保有するビットコインの評価額が１億円を超えるケースも登場し、「億り人」なる造語が生まれた。

図表11 ビットコインの対ドル相場の推移

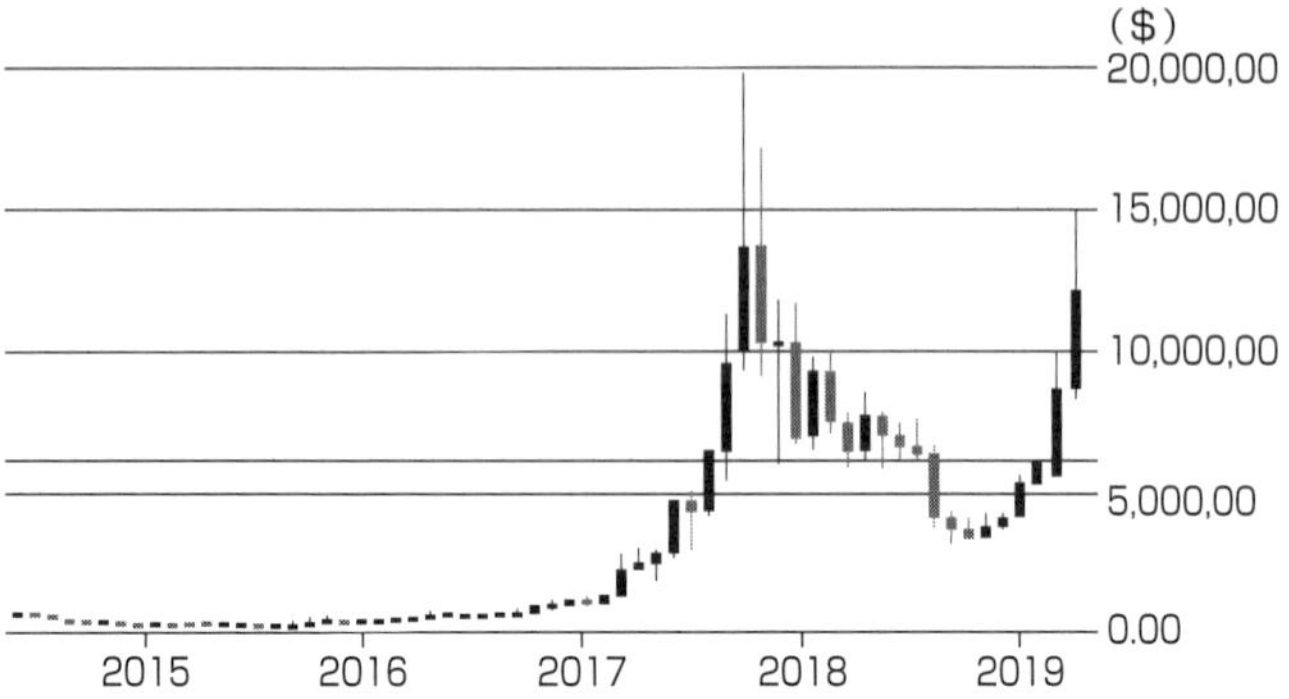

（出所）YAHOO! FINANCE

しかし2018年1月26日、日本の仮想通貨取引所であるコインチェック（Coincheck）がハッキングを受け、ビットコインではないものの、約580億円に相当する仮想通貨NEM《ネム》の流出事件が発生。ビットコインの相場も過熱の反動から急落した。

なお、2019年に入ると再び上昇に転じ、6月後半には一時1BTC＝150万円近くに達した。だが、7月2日には1BTC＝110万円程度に急落するなど、乱高下が続いている。

最近の乱高下にも実は、裏事情がある。後で触れるように、規模の小さな仮想通貨ではブロックチェーンの「マイニング」が停止し始めている。そのため、ビットコインとイーサリアムという2大仮想通貨に他の仮想通貨から資金が流れ込んでいるのである。

他の仮想通貨から資金を退避させるなら仮想通貨交換所で法定通貨に替えてもいいはずだが、そうすれば当局に把握されてしまう恐れがある。表に出せない資金の移動が起こっているだけで、上昇が続くとは思えない。

ブロックチェーンの仕組みと機能

「ビットコイン」は技術的にはブロックチェーンをベースとしている。ここでブロックチェーンについて簡単に説明しておこう。

ブロックチェーンは機能的には、**公開鍵暗号方式を利用するデータの入出力**部分と**ハッシュチェーンを利用するデータの保存**部分とから構成されるデータベース技術の一種である。

〈公開鍵暗号方式を利用するデータの入出力〉

図表12 「ブロックチェーン」の機能イメージ

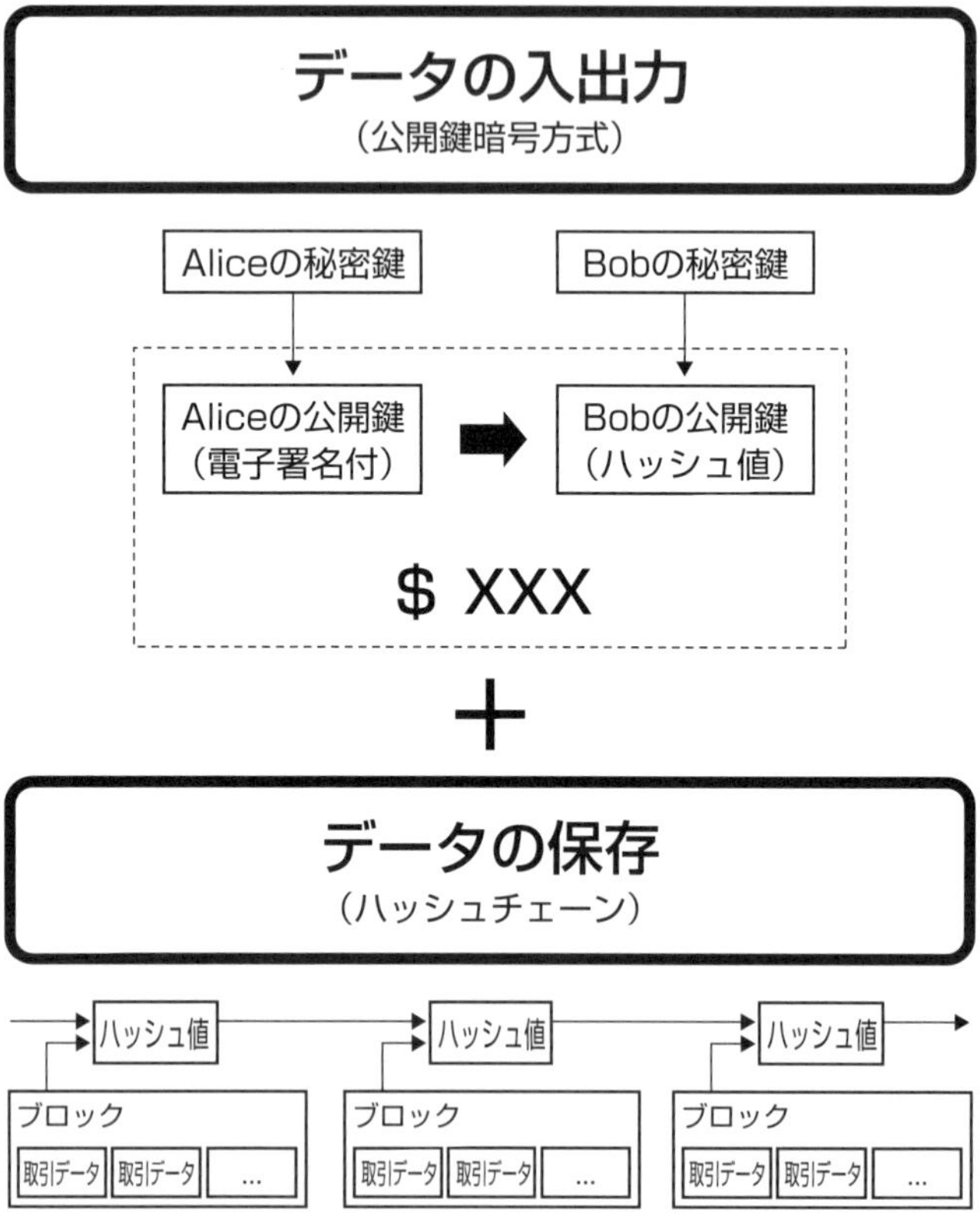

ＢＴＣの取引情報はすべて、ブロックチェーンの参加者（ノード、Node）の間でインターネットを通じて送受信される。

例えば、送信者（Alice）が受信者（Bob）に１ＢＴＣを送ったとすると、送信者であるAliceはその記録を自分が持つ秘密鍵で暗号化し、自身の公開鍵を電子署名として付けて各参加者にアプリケーションを通して送信する。

ここで秘密鍵、公開鍵というのは、「ビットコイン」などの仮想通貨だけではなく、ネットバンキングやクレジットカードのネット決済などで現在、広く用いられている**「公開鍵暗号方式」**を構成するものである。

後で説明するが、この暗号方式はいまや決して安全でないことが知られており、かなり問題がある。

〈ハッシュチェーンを利用するデータの保存〉

これがいわゆる「ブロックチェーン」のことである。

ハッシュチェーン（Hash Chain）ではまず、「０」と「１」の連なりであるデジタルデータの塊（ブロック）ごとに**「ハッシュ値（Hash値）」**という数値を計算し、それを次のデータの塊（ブロック）の一部としてまたハッシュ値を計算する。これを繰り返すことで連続するデータの塊（ブロック）の列を作成し、途中からあるいは後からの改竄がほとんど不可能なデータベースをつくる。

「ハッシュ値」は、あるデータが与えられた場合にそのデータを固定長の数値に圧縮する関数（ハッシュ関数）の計算結果のことで、次のような特徴を持つ。

①どんな大きさの数値データもすべて固定長の数値に圧縮される
②同じ数値データからは必ず同じハッシュ値が得られるが、少しでもデータが違うとハッシュ値は全く異なるものになる
③圧縮による数値の変換は一方向であり、ハッシュ値から元のデータを導き出すことは不可能である

このようにハッシュチェーンは、**改竄検知**と**逆方向計算不可**という点で大変便利な暗号技術の基本テクニックであるが、決して新しいものではない。

例えば電子署名において署名対象の容量削減と改竄検知に広く使われている。またインターネットの標準プロトコルであるTCP（Transmission Control Protocol）では、通信データの欠落を確認するチェックサムに用いられている。

ビットコインの何が新しいのか？

それでは、「ビットコイン」はクレジットカードなど既存の決済方法や1995年前後に登場したデジタルマネーとは何が違うのだろうか。

実は、ビットコインには技術的に新しい要素は何もない。

いま述べたように、データの入出力に用いられている「公開鍵暗号技術」は一世代前の古い技術であり、データの保存に用いる「ハッシュチェーン」も以前から広く知られているものである。

ただし、ビットコインに用いられているブロックチェーンにも**新しいアイデアと呼べる**

点が2つある。

ひとつめは、過去の取引記録を覆されないようにするため、**ハッシュチェーンの大量同一コピーを多数の参加者（ノード）が共有し、常に更新すること**だ。

これはナカモト氏の論文（英語）では“distributed ledger”と表現されており、日本語では**「分散型台帳」**との訳が一般化している。

しかし、実態としては、ひとつの台帳をばらばらに分けて分散しているのではなく、同じ台帳を大量に複製している。正確には**「大量複製型台帳」**とでも呼ぶべきだろう。

ただし、インターネットを通じてP2Pの技術で巨大なファイルを複製することは現実的ではない。「ビットコイン」のハッシュチェーンをフルダウンロードする実験では、1週間程度かかることが確かめられている。

2つめの新しい点は、**いくつかの取引をまとめてブロックとして台帳に付け加えていくこと**と、その際に付け加えるブロックを必ずシステム的に同一となるようにする**「プルーフ・オブ・ワーク」**という**合意形成手法**だ。

「プルーフ・オブ・ワーク」とは計算速度を競う王様ゲームのようなもので、理屈の上ではすべての参加者（ノード）が行うことができる。

具体的には、一定のデータの塊（ブロック）をブロックチェーンにつなげるため、ブロックのハッシュ値を求めるわけだが、そこに少し工夫がしてある。

すなわち、ブロックチェーンにつなぐためのハッシュ値は「00000×××」といったように、一定数（この例では5つ）以上のゼロが並ぶことが条件とされる。そのため、前のブロックのハッシュ値とそのブロックに格納される取引データという2つの数値に加えてもうひとつ、「ナンス」と呼ばれるある数値を探さないといけない。「ナンス」は「Number used once」の略である。

この「ナンス」は、様々な数値を用意して、他の2つと合わせてハッシュ値を計算してみないと分からない。まさに手当たり次第の総当たり戦のようなもので、ビットコインでは最低でも10分程度かかるように調整されている。

そして、条件を満たす「ナンス」を最初に見つけた勝者一人だけが、報酬（BTCの新規発行）を得て正しい取引記録を保存する権利を与えられる。他の参加者（ノード）はすべて、この勝者に従って取引を記録しなければならない。ただし、時には複数の参加者が、それぞれ異なる取引データを集めて新しいブロックをつくり、条件を満たす「ナンス」を見つけることも起こる。そうすると、ひとつのブロックに複数のブロックがつながることもある。

しかし、その場合は一定時間の後、長く続いたほうのブロックが選ばれ、他のブロックは削除されるというルールも設けられている。

こうしたルールによって、二重使用問題を回避しようというのである。

なお、ナカモト氏は、「プルーフ・オブ・ワーク」に勝って報酬を得ることを**「マイニング（採掘）」**に似ていると書いている。金の採掘になぞらえたものだ。

「マイニング」と「プルーフ・オブ・ワーク」はほぼ同義語だ。また、そこから「プルーフ・オブ・ワーク」に参加するノードを「マイナー（採掘者）」と呼ぶ。

このようにビットコインでは、一つ一つの取引の度に過去のデータを参照することにより、自らが行おうとする取引の正確性が担保される。

ナカモト氏も論文で注記している通り、このシステムは良心的な参加者（ノード）の計算能力（ＣＰＵパワー）が、悪意ある攻撃者グループ（ノード）の計算能力を上回っている限りは安全である。理論的に「プルーフ・オブ・ワーク」の計算ゲームでは、ＣＰＵパワーで上回るグループが勝つ。そして、勝ちが続けば続くほど、後から取引記録を遡って書き換えることは難しくなる。

これは確かに二重使用問題に対してひとつの解を提示しているといえるだろう。

しかし、残念ながら参加者はすべて良心的というわけではないし、ボランティアでもない。むしろ、高価なマシーンを用意して膨大な電気代や通信費を払ってマイニングに参加するのは、お金儲けのためだ。儲からなくなればマイニングもやめる。

「プルーフ・オブ・ワーク」と「ビザンチン将軍問題」

「プルーフ・オブ・ワーク」は当初、画期的なアイデアであると多くの識者から称賛されていた。ビットコインにおいては誰でもゲームに参加でき、しかも後からの改竄が極めて難しいからだ。

悪意ある者がすでに承認されているブロックチェーンを書き換えようとした場合、まずは特定のブロックの内容を書き換え、新たな「ナンス」を見つける計算を行う。その後に続くブロックも全て、書き換えに対応して計算しなおさなければならない。さらに、こうした計算を続けて、現時点で作成されている最新のブロックにまでたどり着き、それを追い越さなければならない。

こうした膨大な計算を行うには、ネットワークに参加している全てのノードを上回る計算能力（ＣＰＵパワー）を持っていなければならない。ビットコインには現在、１０００万あまりのノードが参加しており、ナカモト氏も良心的な参加者の計算能力が悪意ある攻撃者グループのそれを上回るであろうことを前提に、「安全」といっているのである。

また、専門家の中には、ネットワークに参加している全てのノードを上回るほどの計算能力を持っているのであれば、書き換えなどせずに「プルーフ・オブ・ワーク」に参加してブロックチェーンの維持に協力し、報酬を得たほうがよいという考え方もある。これは「プルーフ・オブ・ワーク」を、書き換えなどの悪意ある行為を経済的合理性の観点から防ぐ仕組みと捉えるものだ。


この点については、分散コンピューティングにおける難問として知られる「ビザンチン将軍問題」を「プルーフ・オブ・ワーク」が解決したというようにもいわれる。

「ビザンチン将軍問題」とは、グループの一部に裏切り者がいる場合、あるいは情報伝達が信頼できない場合、どのようにして正しい合意に到達できるのかというかという問題だ(Leslie Lamport, Robert Shostak, Marshall Pease:"The Byzantine Generals Problem", ACM Transactions on Programming Languages and Systems, Vol.4, No.3, July 1982, Pages 382-401参照)。

仮に東ローマ帝国（ビザンチン帝国）の将軍たち９名がある街を包囲しているとする。９名の将軍たちはそれぞれ軍団を率いており、全軍で同時に攻撃しなければ相手を倒すことはできない。少数で攻撃しても敗北するだけだ。

この時、各軍団は遠く離れて展開しており、将軍たちが一カ所に集まって会議することはできない。互いの考えや意思の確認は伝令を通じて行う。

いま、９名の将軍のうち４名は翌朝からの攻撃作戦に賛成、他の４名は反対で、残り１名が裏切り者だとする。裏切り者の将軍は、攻撃賛成派の将軍には「自分も攻撃に賛成」と伝え、反対派の将軍には「自分も攻撃に反対」と伝える。

こうすると、攻撃派の将軍たちは過半数の将軍が賛成したのだから「攻撃」に決定したと判断して攻撃を開始する。反対派の将軍たちは過半数が反対したのだから「攻撃」は行われないと判断し、動かない。結果的に攻撃した将軍たちは敗北し、作戦は失敗に終わる。

「プルーフ・オブ・ワーク」はこれに対し、簡単にいえば指示者を一人決めて、その決定に全員が従うというルールである。一人の決定に全員が従うのであるから、意見が割れるということはない。筆者は「プルーフ・オブ・ワーク」を「王様ゲーム」と呼んでいる。確かにこれも、「ビザンチン将軍問題」のひとつの解決策といえないこともない。

それに対し、「クリプトキャッシュ」の基本技術である完全暗号の世界では、ビザンチン将軍問題そのものが発生しない。遠隔地にいても将軍同士は完全暗号通信を使って、いつでも顔を突き合わせたのと同じ状態で相談できるからだ。

「プルーフ・オブ・ワーク」の限界

「プルーフ・オブ・ワーク」の根本的な問題は、多数派は多数派であって、多数派が良心的かどうかとは関係ないということにある。多数派が悪意を持ってブロックチェーンをコントロールすることがないとも限らない。

実際、「プルーフ・オブ・ワーク」では「ビザンチン将軍問題」は解決できないことが明らかになってきた。

具体的には、**「51%攻撃」**や**「乗っ取り攻撃」**を防げないのである。

「51%攻撃」とは、マイニングの計算能力が過半数の悪意あるグループにより支配されてしまうことだ。

過半数の計算能力を確保した悪意あるグループは、新しいブロックがつながっていく際に次のような攻撃を行える。

・取引における二重支払い
・特定の取引の承認妨害
・マイニングの独占（報酬の独占）

ただし、過去の取引データを書き換えたり、他人が保有する仮想通貨を奪い取ったりすることはできない。

ビットコインなど規模の大きな仮想通貨の場合、マイニングに必要な計算量は莫大なものになっており、マイニングプールと呼ばれる複数のマイナーがグループを作って行うケースが多い。ひとつのプールにマイナーが偏りすぎると、そのプールまたは複数のプールが連携して51％の計算量を持つことは十分あり得る。

実際、2018年5月、日本で生まれた仮想通貨「モナコイン（Monacoin）」がこの51％攻撃を受け、ある仮想通貨取引所が1000万円の被害を受けたとされている。

同じ頃、ビットコインからハードフォークして生まれた「ビットコインゴールド（Bitcoin Gold）」でも51％攻撃による二重支払いが発生し、約20億円の被害が出たという。

そして2019年1月、「イーサリアムクラシック（Ethereum Classic）」においても事実上の51％攻撃が報告された。

「乗っ取り攻撃」は、さらに巧妙だ。

先ほど述べたように、ブロックチェーンにブロックを追加する際、稀に複数のブロックがつながることがある。その際、より長く伸びたほうが残り、他のブロックは取引が中止される。

「乗っ取り攻撃」はこの仕組みを悪用し、すでに行われた取引をなかったものにしてしま

図表13「乗っ取り攻撃」のイメージ

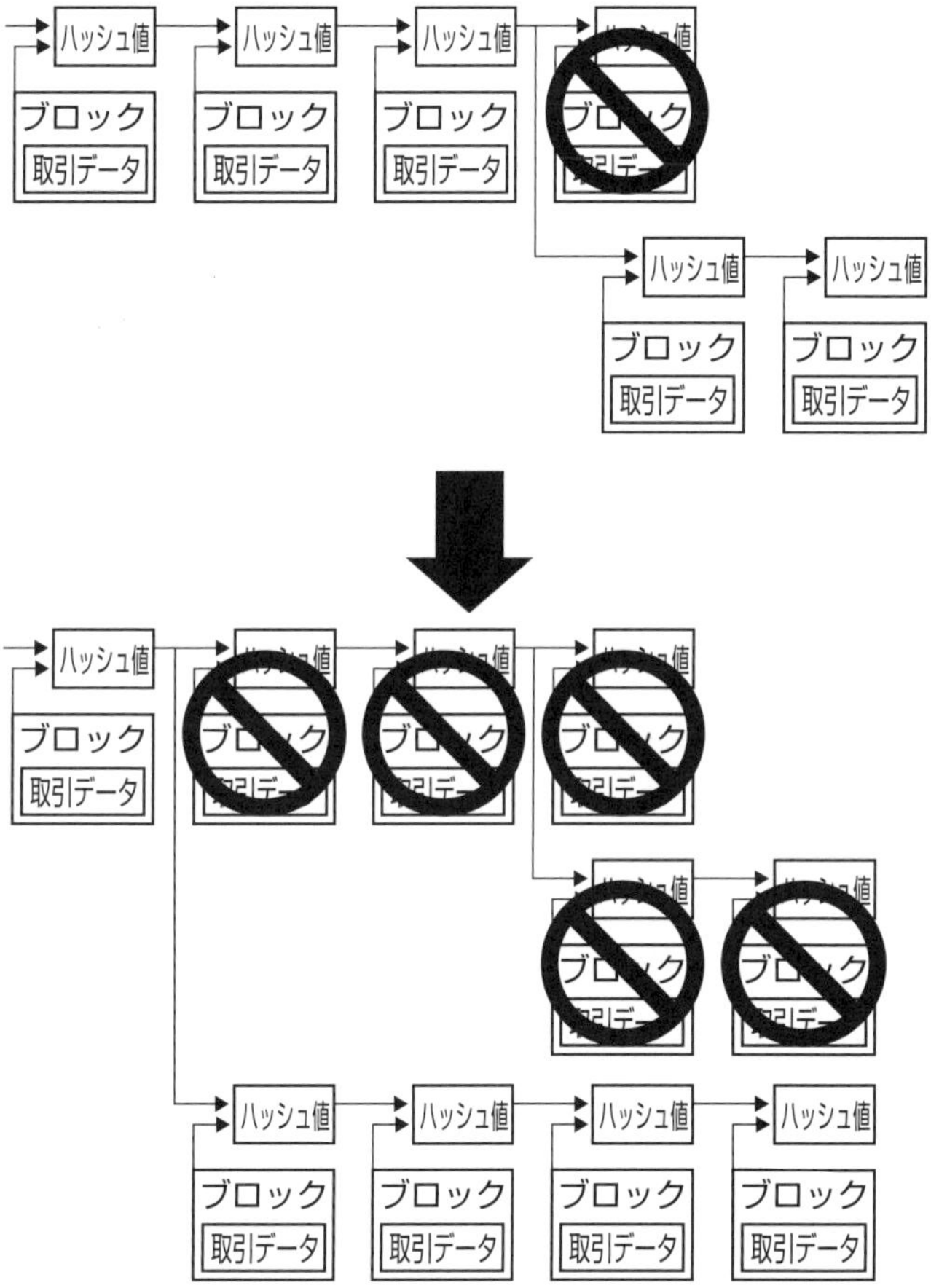

うのである。

やり方はこうだ。過去のブロックチェーンから特定のブロックを選び、わざとそこに別のブロックをつなげ、分岐させる。そして、そのブロックから現在まで、本来のブロックより長くブロックをつなげると、ルール上、そちらが採用される。すると、すでに承認が済んでいるブロックや承認を待っているブロックの取引はすべてなかったものとされてしまうのだ。

この攻撃はマイニングの収益を独占するために行わることが多いとされるが、二重送金などの可能性もある。

処理速度がどんどん遅くなり、手数料も高騰

「ビットコイン」の取引が盛んに行われ、「プルーフ・オブ・ワーク」によって取引記録のブロックがつながれることで、ブロックチェーンは当然、伸びていく。

ビットコインはスタートから10年しか経っていないが、すでにブロックチェーン全体の

データ量は230ギガバイト程度である。画質にもよるが、映画1本のデータ量が1・2ギガバイトとすれば190本分になる。

「ビットコイン」は設計上、これだけの膨大な過去データを保持し続け、また検証し続けなければならない。

実際にビットコインの取引をする際には、ウォレット用アプリをダウンロードするだけで済むが、「プルーフ・オブ・ワーク」に参加するには、基本的にビットコイン・コアと呼ばれる正式なアプリケーションをダウンロードしなければならない。ビットコイン・コアには過去データがすべて含まれるので、先ほども述べたようにダウンロードには通信速度にもよるが数日から1週間程度かかる。

世界中で取引件数が増えることで当然、「プルーフ・オブ・ワーク」の処理速度も遅くなっていく。ビットコインのネットワークが1秒に処理できる取引データは多くて7件、通常は3～4件といわれる。

自分の取引データを速く処理してほしい場合は、手数料（インセンティブ）を多めに支払うことになる。多くの手数料を支払えば、「プルーフ・オブ・ワーク」を行う「マイナー」がその取引データを優先的に扱ってくれるからだ。

ある専門誌によると、2017年12月時点で、ひとつの取引を10分以内に処理してもらうのにかかる手数料（インセンティブ）はおよそ19ドルだった。手数料を3ドルに減らすと、試算上、取引を処理してもらうまでにおよそ24時間かかるという。

現在に至るまで処理速度がどんどん遅くなり、手数料も高騰しつつある状況が根本的に解決される見通しは立っていない。

取引や記録に用いられているセキュリティが脆弱

「ビットコイン」では、BTCの取引や取引記録の伝達、台帳（ブロックチェーン）への書き込みなどに各種の暗号を使っているが、その暗号方式のほとんどは80年代から90年代にかけて考案されたデジタルマネーの仕組みをほぼ踏襲している。

特に、**「公開鍵暗号方式」の欠陥をそのまま内包**しており、**セキュリティ上、かなり問題がある。**

例えば、仮想通貨の取引に不可欠なプライベートキー（秘密鍵）が、ウォレットと名付けられたアプリケーションや仮想通貨取引所などの預け先から盗まれたり、紛失したりしている。

その結果、秘密鍵を悪用して多額のＢＴＣが盗まれる事件が発生している。他の仮想通貨でも同じである。

「公開鍵暗号方式」はもともと、暗号通信における「共通鍵暗号方式」の弱点を克服するために開発されたものだ。

「共通鍵暗号方式」では、平文の暗号化と暗号文の復号化に同じ鍵を使うため、これを解読されたりハッキングで盗まれると簡単に攻撃されるという弱点があった。

「公開鍵暗号方式」はそこで、情報を暗号化する暗号鍵（これを通常、**公開鍵**と呼ぶ）と、それを復号化する暗号鍵（これを通常、**秘密鍵**と呼ぶ）を別にし、しかもある公開鍵で暗号化した暗号文はそれとペアになった秘密鍵によってしか復号化できないようにしたものである。

公開鍵をまず相手に送り、相手がその公開鍵で情報を暗号化して送信すれば、秘密鍵を持った者しか復号化できない。万一、ハッカーが公開鍵を手に入れたとしても復号化はできないのである。

このような公開鍵と秘密鍵のペアは従来、巨大な整数の素因数分解問題や楕円曲線問題といった数学的な問題をベースに作成されてきた。公開鍵から秘密鍵を導き出すのには、現実的には不可能なくらいのコンピューティングパワーと時間が必要なことを利用したものである。

ただ、最近では量子コンピュータの実用化にともない、こうした数学的問題を比較的簡単に解ける可能性が出てきた。**公開鍵から秘密鍵を割り出すことができる**ようになってきているのだ。


「公開鍵暗号方式」のセキュリティにおいてより本質的な問題は、中間者攻撃（MITMA：man-in-the-middle-attack）を防ぐことができないということだ。

中間者攻撃とは、当事者間の通信に攻撃者が何らかの方法で入り込み、攻撃者が当事者間の通信を知らない間に媒介しているものだ（第5章参照）。

当事者同士は互いにP2P方式で暗号通信しているつもりが、実際には攻撃者が通信の内容をすべてコントロールしている。攻撃者は当事者間の通信メッセージを横取りしたり、別のメッセージを差し込んだり、全て入れ替えることもできる。

ビットコインはその登場以来、大規模な攻撃にあっておらずシステムの停止には至っていないと強弁する論者がいる。

しかし、日々起こるコインの盗難や取引所の破綻の例を挙げれば、その中に中間者攻撃が含まれていないと考えるには無理がある。実際、イーサリアムを管理する際に使われる、マイイーサウォレット（My Ether Wallet）がＤＮＳキャッシュポイズニング攻撃によって乗っ取られ（グーグルのパブリックＤＮＳがやられた）、秘密鍵が盗まれる事件が起きた。

また、約１０００万以上ともいわれるノード上に記された取引記録の過半数を書き換えることは事実上不可能であるから安全と主張する人がいるかもしれない。しかし、中間者攻撃では、インターネットなどオープンなネットワークから台帳（ブロックチェーン）に新たな取引を書き込みに行く段階で一件一件の新たな取引そのものを書き換えることが可能だ。不正な記録がブロックチェーンに書き加えられていくだけのことであり、ノードの数は関係ない。

こうしたセキュリティ上の問題についてもいまのところ、改善の見通しは全く立っていない。

今後も分裂が続くことは不可避

さらに、ビットコインには運用に関わる致命的な問題がある。

ブロックチェーンの仕組みでは中央集権的なルール決定者がいないことが利点と捉えられている。

しかし、ルールの決定者がいないということは、コミュニティ内で対立が生じやすく、またその対立を解消する手段がほとんどないということでもある。

対立が深刻になると、「ビットコイン」から「ビットコインキャッシュ」が枝分かれ（ハードフォーク）したように、ブロックチェーンが分裂し、それ以降は分岐した複数のブロックチェーンが別個独立して存在することになる。

ハードフォークについては２０１７年11月、一般社団法人 日本仮想通貨事業者協会

（現・一般社団法人 日本仮想通貨ビジネス協会）が次のような問題点を指摘している。

・ハードフォークにより新コインが組成されると、ハードフォークのもととなる仮想通貨（オリジナルコイン）の移転記録作業を支えるマイナーと呼ばれる記録者の一部が新コインに移行し、オリジナルコインの移転記録機能が低下するなどの影響により、オリジナルコインの価値が下落する恐れがある

・新コインを支えるプログラムに欠陥がある場合や故意に不正なプログラムが組み入れられている場合には、新コインが価値を有せず、あるいは不適切なプログラムを介してオリジナルコインが奪われるなどの事態が生じる可能性もある

・最近のハードフォークによる仮想通貨価格の上昇を見越して、実行性に欠けるハードフォーク計画を公表することや、継続的に利用できる仕組みや環境が整っていない新コインを組成するなどハードフォークが乱用される可能性もある

ビットコインだけでなく、ほとんどの仮想通貨は運用を続けると、どこかのタイミングでシステムの更新が必要になる。そのようなタイミングでブロックチェーンは、分裂の危

機を迎える可能性があり、分裂はブロックチェーンが構造的に持つ不可避な問題であるということができる。

中央集権的なルール決定者を設けることのできるプライベートなブロックチェーンならこの問題を極小化できると唱える専門家もいるが、ビットコインのように反中央集権を目的としてブロックチェーンを使うというのであれば本末転倒である。

そもそも、データを改竄しないという点で信頼できる中央集権的なシステム（クライアント・サーバ方式など）を許容するのであれば、P2P方式でブロックチェーンを利用する意味がない。

相場下落でマイニングの継続性に疑問も

運用上のより本質的な疑問として、ビットコインのブロックチェーンがこのまま伸び続けることができるのかということがある。

これまでは良くも悪くも専門的な業者が競ってデータのとりまとめと記録作業である

「プルーフ・オブ・ワーク（マイニング）」を行ってきた。しかし、その作業に見合う報酬が今後も得られ続けるかどうか疑問視されている。結果的に、世界中でマイニングから撤退する業者が増えつつあるのだ。

ブロックチェーンが伸びるにつれ、マイニングにかかる電気代などのコストはうなぎのぼりだ。１ＢＴＣ当たりの損益分岐点は２０１９年５月の段階で新規参入の場合は４０００ドル、すでにマイニング用の専用装置等が償却済みの場合は２５００ドルといわれる。２０１８年末に１ＢＴＣが３０００ドル台まで下がった時は、国内のマイニング業者の間では損切りして撤退する動きが広がった。

さらに２０１９年４月、中国政府がビットコインなど仮想通貨のマイニングの禁止を検討するとの報道があった。

国家発展改革委員会が公表した「産業構造調整指導目録」草案で、仮想通貨のマイニング活動が「淘汰類（淘汰すべき産業）」に分類されたというのである。もし、草案通りになれば中国ではマイニングへの新規参入や投資が禁止され、行政からの許認可も得られなくなる。

仮想通貨のマイニングで世界の7割を占めるといわれる中国のマイニングがストップすれば、大きな影響が生まれるだろう。

実際、すでに2019年5月末時点で、小さいブロックチェーンから順次マイニングが停止し始めている。

最後まで残るのは、「イーサリアム」と「ビットコイン」といわれている。両者の間で最後まで残るのはおそらく「ビットコイン」だろう。ちなみに、ビットコインは管理者がいないので、利益が見込めなくなっても、ボランティアがブロックチェーンを動かし続けるので、完全には止まることはないだろう。

ブロックチェーンが止まる仮想通貨を保有し続けることは危険と感じたのか、最後に残るとされる仮想通貨への転換はいまや狂騒状態だ。

合法な仮想通貨取引所でドルやユーロ、円などの法定通貨に交換すればよさそうなものだが、暗号資産と分類される仮想通貨を法定通貨に換えれば、利益が確定し税金も課せられる。ほかにも換えられない理由があるのかもしれない。

その結果、2019年7月の時点ではイーサリアムとビットコインの値段が一時的に再上昇しているのである。

仮想通貨プラットフォームが崩壊する悪夢

仮想通貨の価格は長期的に見れば下落トレンドにある。

特にビットコインはその設計仕様により、一定のブロックがつながれるごとに「プルーフ・オブ・ワーク」による報酬（新規発行）が減っていくようになっている。これは、発行枚数を制限することで、通貨としての価値の減価（インフレーション）を抑えるためとされる。

具体的には、当初の新規発行は１ブロックにつき50ＢＴＣであったが、21万ブロックごとに半減していく。これまで２回の半減があり、２０１９年６月時点の報酬は12・５ＢＴＣである。次の半減期は２０２０年頃とみられ、報酬が６・25ＢＴＣになる予定だ。最終的にビットコインは２１００万ＢＴＣで新規発行が終わる。その時期はこれまで２１４０年頃とされていたが、本当にそんな先まで新規発行が続くのかどうか。

図表14 ブロックチェーンを用いた仮想通貨が崩壊する主な理由

外部攻撃

①ウォレットや預け先からプライベートキー（秘密鍵）を盗まれる

②中間者攻撃により取引内容を改竄される

内部崩壊

③データ量が増えすぎP2Pの共有が困難

④莫大な電気料、通信料が必要

⑤51%攻撃が成功している

運用問題

⑥参加者の意見の相違から容易にハードフォークが起こる

⑦「空マイニング」が行われる

⑧報酬の低下で「マイナー」が減少する

特にこの先、下落が続けば、報酬の減少と相まって「プルーフ・オブ・ワーク」に参加するノードの減少が止まらなくなる可能性は否定できない。

そうなれば、ますます取引データの処理が遅れ、ＢＴＣの需要が減り、価格の下落に拍車がかかるだろう。

図表14はブロックチェーンを用いた仮想通貨が崩壊すると想定される主な理由をまとめたものだ。大きく分けて、外部攻撃によるもの、内部崩壊によるもの、そして運用問題がある。現在のところ、いずれについても**根本的な解決法がない**。

こうした負のスパイラルの行きつく先は、**ブロックチェーンの停止**であり、**仮想通貨プラットフォームの崩壊**である。

現在、４０００種類くらいの仮想通貨があるとされるが、自前のプラットフォームで運用しているものは少ない。８割はイーサリアムの「ＥＲＣ－20」、２割は「ビットコイン（カラードコイン）」のプラットフォームで運営されており、いずれもブロックチェーンをベースとしている。

この2つの仮想通貨プラットフォームがストップしてしまうとどんなことが起こるのだ

ろうか。

例えば、仮想通貨として所有している資産が引き出せなくなる（取引ができなくなる）。現在でも、自分の秘密鍵をなくすと、再発行は不可能なので、ブロックチェーンに記録されている仮想通貨は永久に取り出せなくなるが、ブロックチェーンが停止しても同じことが起こる。ブロックチェーン上で何億円分もの仮想通貨を所有していても、実際には全く使えなくなるのだ。

さらに、仮想通貨を保有している人が亡くなると、相続人に相続税がかかる可能性がある。この場合、仮想通貨が取り出せるかどうかは関係ない。暗号鍵が分からないまま相続しても日本では相続税は課税されるとされており、ブロックチェーンが停止した仮想通貨も同じことになる。

一体なぜこのような欠陥だらけのブロックチェーン技術がつくり出され、かろうじて送金だけとはいえ、使用されてきたのだろうか。

ブロックチェーンは、通常の貨幣では成し得ない、資金逃避などのマネーロンダリングには有効である。

海外への資金移動に通常の貨幣を使う場合、一定以上の金額になると様々なチェックや規制がかかる。銀行間送金の場合もＳＷＩＦＴ（国際銀行間金融通信協会）などの規制で困難である。

一方、ブロックチェーンの場合、海外にもブロックチェーンの参加者がいれば、一国の規制では排除できない。その結果、莫大な資金が国境を超えたのである。

ただし、それには無理やりにでも多くの国の参加者を巻き込む必要がある。そのため考え出されたのが「マイニング」という仕掛けだ。実に巧妙につくられた仕組みだが、すでにその役割は終えた。

ブロックチェーンの受け皿となる「サイファー・コア・プラットフォーム」

ブロックチェーンは構造上、破滅への行進を止めることができない。そうならないことを願うのは自由だが、万が一に備える準備も必要だ。

筆者は現在、「サイファー・コア・プラットフォーム」というブロックチェーンの受け皿となる新たなプラットフォームの構築に取り組んでいる。

これは、暗号貨幣「クリプトキャッシュ」とそのベースとなる**完全暗号「コンプリート・サイファー」**を応用したものである。

「クリプトキャッシュ」は一切台帳を使用しない。貨幣の偽造と不正使用を不可能にするために法定通貨を想定して開発された技術であり、当初、仮想通貨に関連した使用は想定していなかった。

しかし、これまでたくさんの仮想通貨が発行されており、筆者の知人の中にも仮想通貨を発行している人たちがおり、以前より救済を求められてきた。

彼らの多くは資金調達だけを目的にしているのでなく、難民救済やフェイクニュース撲滅など崇高な目的のために仮想通貨を発行してきた。

そんな彼らから、ブロックチェーンがすべて止まってしまう前に、「クリプトキャッシュ」を使った仮想通貨のための新たなプラットフォームを構築し、移行させてほしいと依頼されているのである。

この新しいプラットフォームは、その構築と運営に賛同される方々から支援を受け、2019年秋から限定的に稼働し、2020年初頭に通常稼働できる予定だ。

第4章

「貨幣」と「通貨」の歴史から見えてくるもの

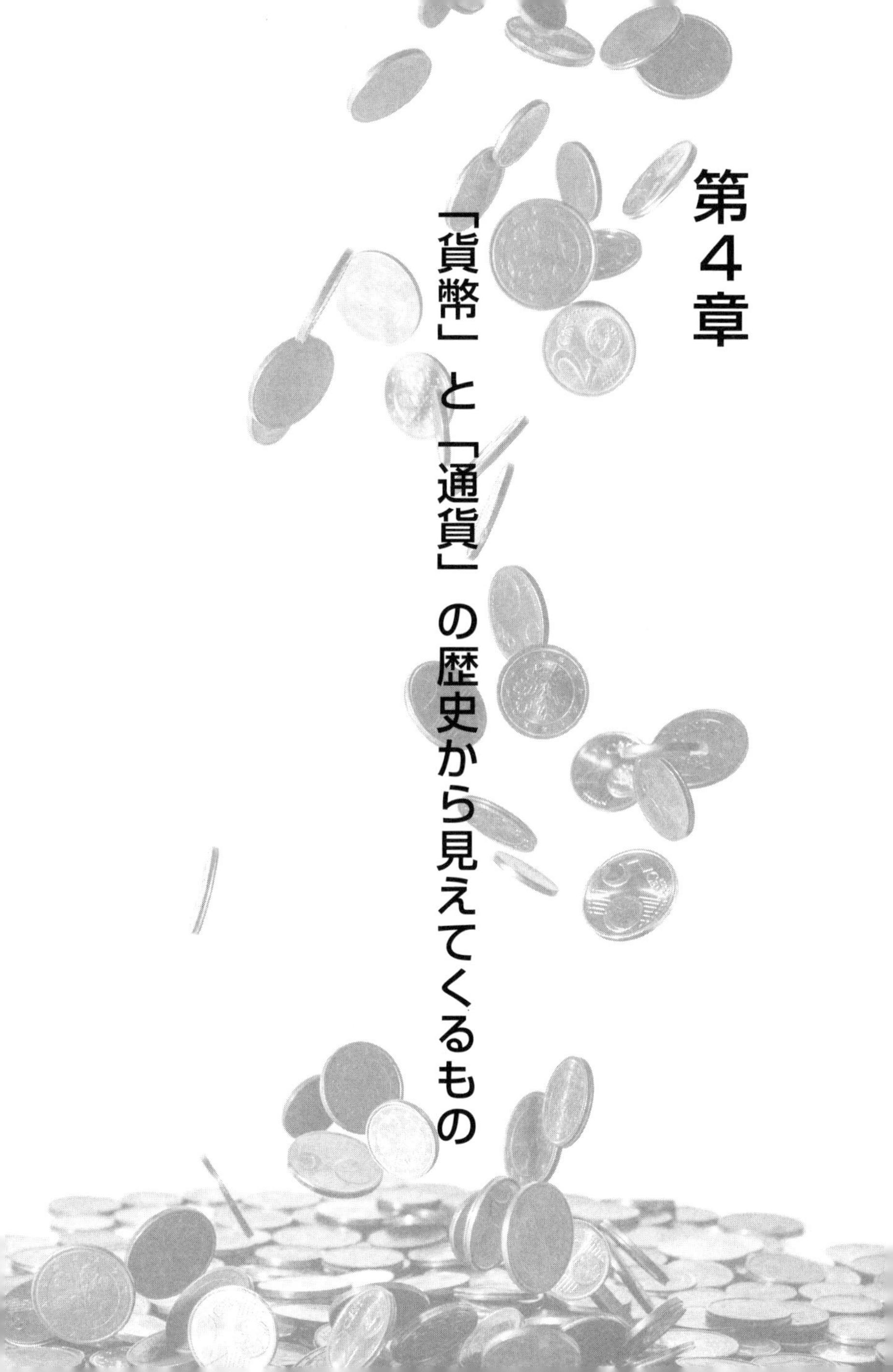

「マネー」と「貨幣」と「通貨」の関係

かつてのデジタルマネーにしろ最近の仮想通貨にしろ、その根底にあるのはインターネット時代に相応《ふさわ》しい新しいお金をつくろうという考えであろう。とすれば、そもそも「お金」とは一体何なのかを再確認することは決して無駄ではないはずだ。

お金は貨幣論や金融論の直接的な研究対象であり、さらには広く経済学や文化人類学でも扱われるテーマであるが、本章ではその歴史を簡単に振り返りつつ、お金を巡る様々な概念を筆者なりに整理することで、インターネット時代における新しいお金のあり方を検討してみたい。

まず、用語の整理をしておく。

お金に関する用語には「マネー」「キャッシュ」「コイン」「貨幣」「通貨」「紙幣」「硬貨」など様々なものがある。いずれも似たような意味であり、日常的にはどれを使ってもほぼ問題はない。

しかし、本書ではお金を「マネー」「貨幣」「通貨」の３つに分けることにする。

「マネー」は抽象的な概念としてのお金である。人類の歴史上、言語などと同じくらい古くに発明された。マネーは経済活動を支える一種の社会的な機能である。

「貨幣」は、「マネー」が具体的な物質の形をとったものだ。それぞれの時代や社会の技術レベルに応じて、巨石や貝殻、硬貨、紙幣などに形を変えてきた。

貨幣によって経済活動はより広域化、高度化し、社会の発展につながった。インターネットが普及した現代において、デジタルデータを貨幣として使おうというのは歴史的には当然の流れである。

「通貨」は流通貨幣の略であり、「マネー」が社会的なシステムとして体系化されたものだ。通貨制度をその基盤とし、現代においては、国が発行する法定通貨とほぼ同義語でもある。

なお、通貨には「貨幣通貨」と「預金通貨」の2つがあり、このうち「貨幣通貨」が紙幣や硬貨などの「貨幣」のことである。

以上をまとめると、次のような流れになるだろう。

人類は太古の昔、動物と同じような群れの生活からより広範囲な民族などの集団生活に移行していく中で、経済的な価値の表象として「マネー」と呼ぶことのできる社会的な概念を発明した。

その後、マネーを扱う手段として「貨幣」という物体が生まれてきた。貨幣は価値交換、価値保蔵、価値尺度という機能によって経済活動の拡大をもたらし、社会の発展につながった。また、「貨幣」はそれぞれの時代の技術水準によって様々に形を変えてきた。

やがて、貨幣はその発行や使用などについての制度が整えられることで「流通貨幣」、すなわち「通貨」となった。現代ではＩＭＦ（国際通貨基金）など国際的なシステムにまで発展している。

「マネー」は人類の偉大な発明

「マネー」という概念がいつ頃、発明されたものかは不明だが、その起源についてはいろいろ説がある。

代表的なのは、物々交換をベースとした経済活動をより効率的にするため、価値交換を媒介するために「マネー」が生まれたとする説だ。この説では、「マネー」と「貨幣」はほぼ同時に生まれたことになる。

これに対し、最近有力になってきているのが「マネー」は負債から生まれたとする説だ。それによると、負債に対する権利としてマネーが生まれた。負債とは人と人との間に生じる貸し借りの関係だ。負債としてのマネーは他人への信頼を前提とする。

すなわち、後払いの合意からマネー（と呼ばれるような価値）が生まれる。その価値はお互いの記憶によって保存され、場合によっては第三者と交換され、そして価値の目安となったりする。

また、貸し借りは本来、当人たちの間でだけ記憶され、特に外部に向けて表されるものではない。しかし、社会が発展して様々な貸し借りが多くの人たちの間で成立するようになると、何らかの記録なしでは整理が難しくなる。実際、バビロニアでは粘土板と楔形《くさびがた》文字を使って貸借関係の記録が行われていた。

この説ではマネーが先に生まれ、貨幣はその後でできた。また、マネーの本質は会計や簿記といった貸借関係の記録にあり、物質としての貨幣は手段ということになる。

技術の発展とともに変化してきた「貨幣」の形

「マネー」の本質が記録であり、「貨幣」はあくまで手段だとしても、貨幣の重要性は変わらない。手段であるからこそ、貨幣には価値交換、価値保蔵、価値尺度という機能が備わっているともいえる。

世界最古の文明といわれる古代バビロニアでは、取引に銀が用いられていた。当時はまだ硬貨をつくる技術はなく、銀は粒銀や延べ棒、装身具の形をしており、純度と重量で価値が決まっていた。銀という物質が貨幣として使われていたのだ。

歴史的には、多種多様なものが貨幣として使われた。同じ時代、同じ社会においても、支払いのための貨幣、保蔵のための貨幣、価値尺度としての貨幣が別々ということも珍しくなかった。

例えば、日本の江戸時代は石高制のもと、米（コメ）が価値の尺度として用いられ、実際の支払いには主に金、銀、銅が用いられた。

「貨幣」の性質は、紙幣が生まれて大きく変わった。

金貨や銀貨などは物質的な価値がベースになっているが、紙幣には物質的な価値はほとんどない。あくまで発行主体（国や中央銀行）の信用が価値の裏付けとなっている。こうした貨幣を**「信用貨幣」**という。

物質的な価値をベースにしないということは、発行量に上限がないということである。しかし、実際には発行主体の信用力に見合わない紙幣を大量に発行すればインフレーションを招く。

最近では、ベネズエラの通貨（ボリバル・ソベラノ）が年率２５０万％のハイパーインフレに陥り、ＩＭＦによると１０００万％に達するのも時間の問題だとされている。

発行主体の信用が消えれば、信用貨幣はまさに紙切れになってしまう。

近代になり整備された「通貨」システム

「貨幣」は社会に広く流通し、安定した価値を維持することで、様々な商品やサービスの価値の基準となる。その結果、場所や時間を超えて交換や蓄財の機能を果たすようになる。

しかし、そうした機能をより長期にわたって安定的に維持するためには、中央銀行といった制度や金融制度に関わる法律が必要となる。こうした「通貨」システムは主に、近代になってから整備された。

先ほども触れたが、現在「通貨」には大きく2種類ある。

ひとつは**「貨幣通貨」**であり、硬貨や紙幣のことだ。

「貨幣通貨」の大きな特徴は、持ち運びが簡単で、少額の決済に向いていることだ。例えば、100円相当の価値のあるペットボトル入りの水を購入する際、百円硬貨を差し出せば水は即、自分のものになる。

また、匿名性も貨幣通貨の特徴だ。「お金に色は付いていない」といわれるように、貨幣通貨は実際の所有者が誰だか表面上は分からない。そのため紛失するリスクがあるが、現物（硬貨や紙幣）を所持していれば所有者と推定され、それゆえ不特定多数の人の間を転々流通していく。

例えば、大規模災害などで銀行の窓口やＡＴＭ、インターネットが使えなくなっても、貨幣通貨さえあれば買い物などがいつでも可能だ。

一方、貨幣通貨は鋳造や印刷に一定のコストがかかり、保管などにともなう手間やコストも無視できない。

さらにいえば、偽造されるという決定的な弱点を持っている。どんなに特殊な紙や金属を使って高度な印刷・鋳造を施しても、偽札・偽貨はなくならない。発展途上国では紙幣の真贋《しんがん》を判定するための判定機が、普通の店舗にも備え付けられていたりする。

もうひとつの「通貨」が**「預金通貨」**だ。

具体的には、銀行などの金融機関の口座記録のことで、「貨幣通貨」とは違って物質的な実体はなく、その性質は明らかに異なる。

「預金通貨」は貨幣を銀行に預けるほか、銀行による貸し付けなどの信用創造によっても生まれる。

預金通貨は、銀行の台帳によって管理されている。その残高は銀行により保証されており、利用者は全く心配せずに価値の保蔵手段として用いている。また、価値の移動は、銀行の窓口に自分の通帳と振込内容を記載して押印した振込用紙を提示すれば行える。もちろんＡＴＭを用いてもよい。最近はインターネットを介して振込手続きをする人も増えている。

インターネット時代に相応しい「貨幣」や「通貨」とは？

それでは、インターネット時代の「マネー」「貨幣」「通貨」はどのようなものになるのだろうか。

「マネー」についていえば、抽象的な概念であり、社会的な機能である以上、インターネット時代においても変わりはないだろう。

「貨幣」については、それぞれの時代における先端技術を使ってつくられてきたという歴史がある。そうであればインターネット時代の「貨幣」は、インターネットをはじめとしたデジタル技術を用いてつくられることになる。

デジタル技術を使うことで発行や流通のコストは劇的に下がる。細かい分割や精算もデジタルデータであれば簡単にでき、利便性も大幅に向上するだろう。

一方で、セキュリティの問題はこれまでの貨幣より一層、難しくなる。

これまでの貨幣でも盗難や偽造はつきものだったが、デジタルデータを用いた新しい貨幣では、その規模や頻度が桁違いに大きくなる可能性がある。

現在すでに、クレジットカードや仮想通貨では大量の盗難が発生しており、セキュリティ対策はインターネット時代の貨幣にとって必須の条件だ。

「通貨」システムについても同じことがいえる。

インターネット時代の「通貨」も基本的にデジタル技術をベースにしたものになっていく。従来の硬貨や紙幣による「貨幣通貨」が残るとしてもその比重は下がり、デジタルデータとしての新しい「通貨」の比重が大幅に高まっていくだろう。

それにともない、「通貨」システムにおけるセキュリティ対策の重要性も、これまで以上に高まるはずだ。

つまり、インターネット時代の「貨幣」や「通貨」の実現においては、完全に安全な暗号技術が鍵を握っているのである。

第5章

現代社会を支える暗号技術の最前線

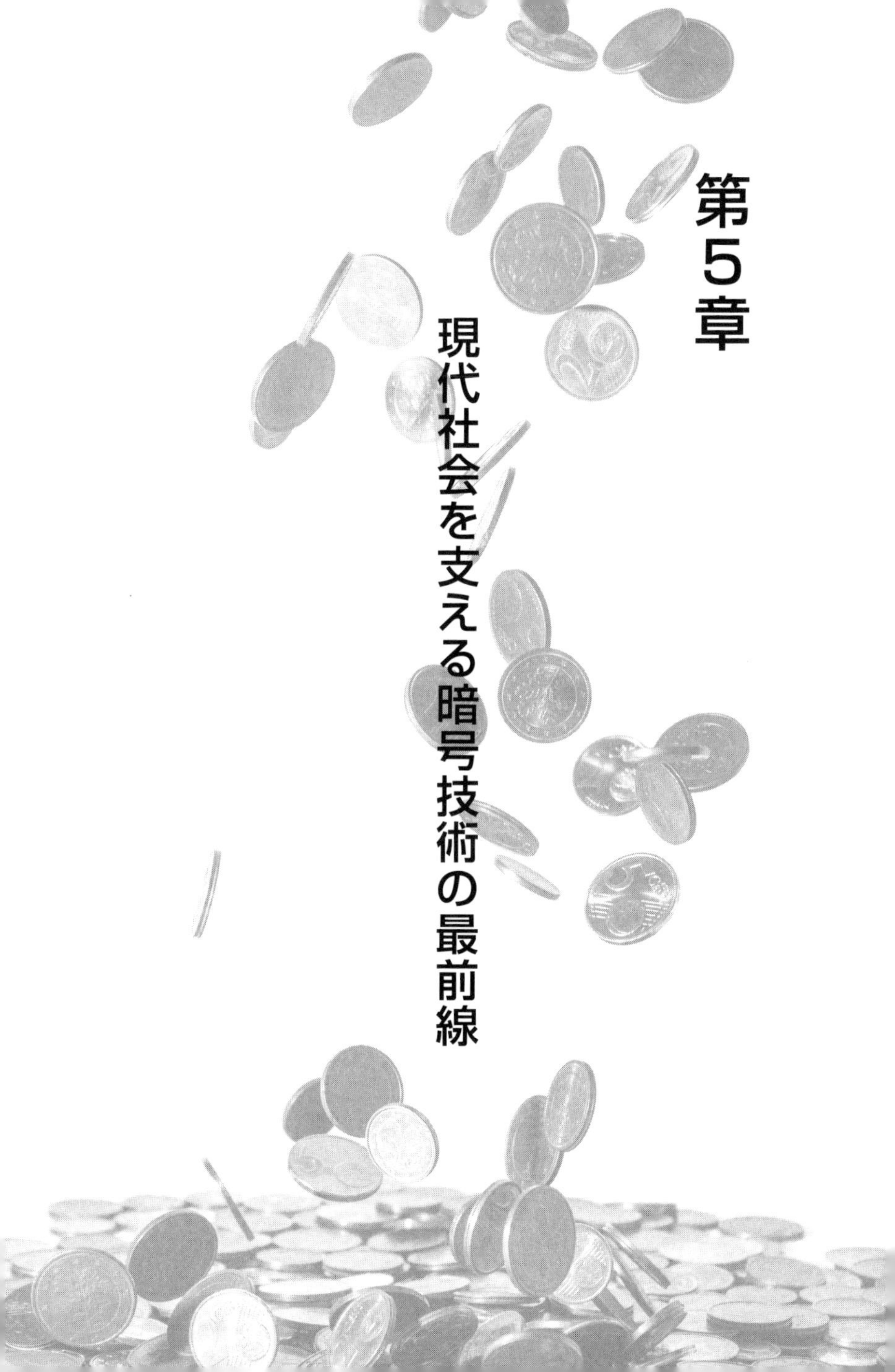

そもそも「暗号」とは何か？

英語では暗号をcryptographyといい、暗号学をcryptologyという。「crypto～（クリプト）」とは「暗号に関する～」という意味の接頭語であり、筆者が提案している「クリプトキャッシュ」もそこから命名した。最近では、「暗号通貨」を指すこともある。

暗号には、「コード」と「サイファー」という分類がある。

「コード」とは、軍事用の通信文において重要な単語やフレーズといった単位で、予め取り決めてある記号を使う方法だ。

秘密にしたい特定の単語だけ置き換えたり、コードブックと呼ばれる辞書を作成して全ての単語を置き換えることもある。例えば、太平洋戦争での「ニイタカヤマノボレ１２０８」は有名である。

「サイファー」はこれに対し、通信文の意味とは関係なく、情報の最小単位（英文であればアルファベット）を予め設定した方法（アルゴリズム）で置換したり転置したりする方法だ。

「サイファー」は、手作業で処理するには限界があった。しかし、機械装置を利用するようになってからは**サイファーが暗号の主流**である。

現在ではコンピュータが用いられるとともに、**「0」か「1」のデジタルデータが情報の本体**であり、ますます暗号といえばサイファーのこと、という時代になっている。

軍事用として発展した暗号技術

暗号技術の歴史は長く、主に軍事通信において発展してきた。

歴史上で有名なのは古代ローマ時代にジュリアス・シーザーが使ったとされる**「シーザー暗号」**だ。前述の通り、暗号は「暗号アルゴリズム」と「暗号鍵」から構成される。「シーザー暗号」においては、**アルファベット順に文字をずらすというのが暗号アルゴリズム**

図表15 「シーザー暗号」とは？

暗号アルゴリズム	アルファベット順に文字をずらす
暗号鍵	＋1　＋2　＋3　…

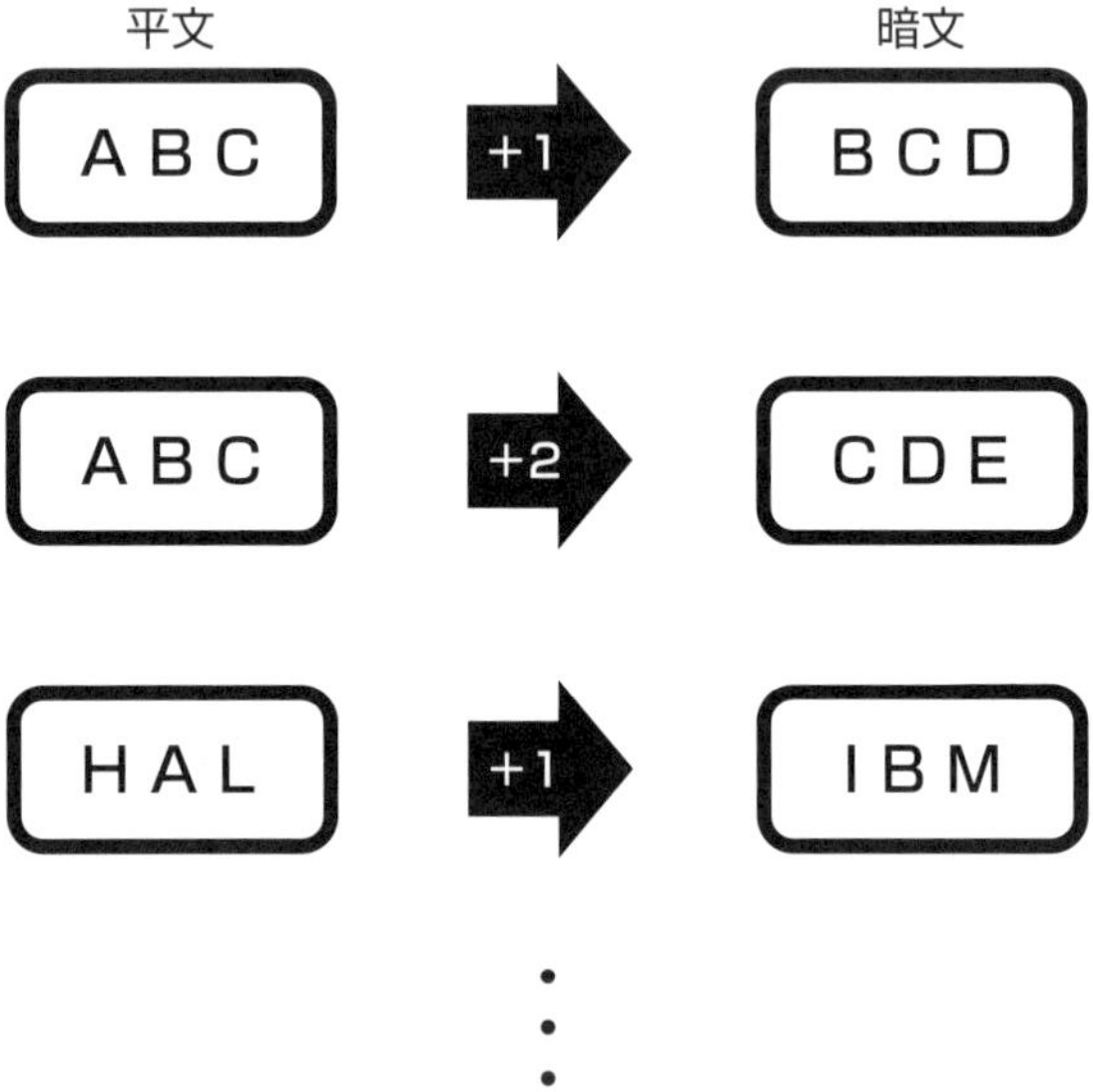

であり、**何文字ずらすかが暗号鍵**となる。ＡＢＣを1文字後ろへずらせばＢＣＤ、２文字後ろへずらせばＣＤＥとなる。

ＳＦ映画の傑作『２００１年宇宙の旅』に出てくる人工知能ＨＡＬ《ハル》はよく知られるように、１文字後ろへずらすとＩＢＭになる。

しかしながら、アルファベットの文字数は26しかないので、暗号文に対して26通りの暗号鍵（26通りのずらし方）を全て試せば元の文（平文）が判明してしまう。

実際の現場では、もっと簡単な方法が使われた。

例えば、少し離れた場所にいる二人の将軍が攻撃を行う場合、狼煙《のろし》を上げたり太鼓を叩いたりして、同時に攻撃を仕掛けた。もっと離れた場所にいる二人の将軍の場合、狼煙や太鼓を連携して（リレーして）情報を伝えることで、同時に行動できた。

予め攻撃することが決まっていて、いつ攻撃するかだけを決める時はこうした方法でよいが、攻撃しないで待機する、あるいは撤退するなど、複数の行動オプションがある場合には、煙の色を変えたり２本にしたりするなど狼煙の上げ方を変えたり、太鼓の叩き方を変えるなど、さらに工夫しなければならない。

軍楽隊はもともと、兵士に起床、集合、帰営、攻撃などの合図を伝えるためにあった。世界でもっとも古い軍楽隊といわれるオスマントルコの軍楽隊は、音で味方の士気を高め、逆に敵に恐怖を与える役割も果たしたとされる。

ちなみに、軍事通信ではないが、アフリカでは20世紀半ば頃までトーキング・ドラムを使って子供が生まれたことや儀式への出席要請、夫に家に戻るよう伝えるなど、多様な情報を送受信していた。

近代になると、18世紀末、フランスで手旗信号に似たレ・テレグラフ（腕木通信機）が発明され、19世紀にはモールス符号を送受信する電信機が生まれるなど、遠隔地間での情報のやり取りが急速に進化した。こうして、数百キロメートル離れた場所の情報でも、すぐ知ることができるようになったのである。

しかし、遠隔地間の通信では、盗聴や偽装の機会も増える。近代の戦争においてはしばしば、敵の動向や作戦を知るために敵軍の通信を傍受したり、また相手を欺くために間違った情報を送りつけ、間違った判断、間違った戦略へミスリードしたりする。

第二次世界大戦においては、大西洋戦線でも太平洋戦線でも通信技術の差が勝敗を分ける大きな要因となった。

大西洋戦線では、旧ドイツ軍が使用していた「エニグマ」と呼ばれる暗号機を連合国軍側が秘密裏に解読していた。

「エニグマ」は大戦前に開発された1文字を1文字に変換する換字式暗号機である。暗号技術を構成する2大要素である暗号アルゴリズムと暗号鍵のうち、暗号アルゴリズムはプラグによる配線等によって構成され、暗号鍵についてはコードブック（暗号鍵表）に基づいて3個の回転盤（ローター）を日毎に組み替える。これにより暗号鍵の種類が増え、かつ、人為的に行うのと違って機械式のためランダムなので、解読はほぼ不可能だとされた。

ところが、実機を手に入れたポーランド人によって解読法が考案され、解読のための専用機、「ボンバ（bomba）」がつくられた。そして、密かに英国軍に伝えられた。

しかし、ドイツ軍も解読に疑いを持ち、回転盤を3ローター式から4ローター式に変更し、配線を変えるプラグ数も増加させたため、解読は難しくなった。

これに対応すべく英国軍では、より高度な暗号解読能力を持つ「ボンベ（bombe）」と名付けられた汎用機を開発した。開発を主導したのは、英国人の天才数学者アラン・チュ

図表16 「エニグマ」暗号機

※筆者撮影（米国立暗号博物館、メリーランド州フォートミード）

ーリングである。ボンベは、世界初のコンピュータと呼ばれている。

ボンベの開発にあたっては、改良されたエニグマの実機とコードブックを入手する必要があった。そこで英国軍が必死になって遂行した作戦が、ドイツの潜水艦Ｕボートを捕獲して新型エニグマとそのコードブックを手に入れることだった。

勇敢な兵士たちの活躍によってこの作戦は何とか成し遂げられたが、重要なことは解読の事実が厳重に秘されたことだ。

昨今、情報漏洩の疑いのある事件が数多く報告されているが、盗んだこと自体を公にすることは稀で、情報漏洩事件はその報告されたものの何十倍もあると考えるべきであろう。

結果的に連合軍は、Ｕボートによる輸送船や軍艦への脅威を取り除くことに成功し、ノルマンディー上陸作戦を成功させた。

20世紀半ばから始まった現代暗号の研究

ところで、古代から20世紀中頃に至るまで、暗号の発展とは暗号アルゴリズムを複雑にすることと、暗号鍵の場合の数を増やすことの2つに集約されていた。「エニグマ」も同じである。

また、実際の運用ではアルゴリズムも鍵も秘密にすることが原則で、それが暗号の理論的な研究を妨げていたともいえる。

しかし、MITを卒業後、ベル研究所に勤めていたクロード・シャノン教授が1949年、「秘匿系の通信理論」という論文を発表して暗号研究の状況は大きく変わった。

シャノン教授の論文は、攻撃者が無限の計算能力を持っているという仮定のもとで、元の情報（平文）に関する情報量がどの程度、攻撃者に漏れるかを検討し、ワンタイムパッドという方法を使うと情報理論的に解読不可能な暗号をつくることができることを数学的に証明したものだ。

「ワンタイムパッド」とは、「ヴァーナム暗号」という20世紀初頭、米国のAT&Tに所属していた研究者が考案した暗号方式である。

ヴァーナム暗号はもともと、穴をあけたテープ（穿孔《せんこう》テープ）を情報通信に使っていた当時の技術をベースにしている。

「ヴァーナム暗号」は、単純化すると次のようなものだ。

送りたい情報（平文）の穿孔テープ（Ａ）と同じ長さを持つ、暗号鍵として使う穿孔テープ（Ｂ）を送信者、受信者に事前に配る。

送信者は送りたい情報の穿孔テープ（Ａ）と暗号鍵として使う穿孔テープ（Ｂ）を重ね合わせ、排他的論理和という演算で暗号テープ（Ｃ）をつくる。

受信者は受け取った暗号テープ（Ｃ）を再び、暗号鍵として使う穿孔テープ（Ｂ）と重ね合わせて排他的論理和で処理すると、復号化された平文（Ａ）ができる。

この時、暗号鍵として使う穿孔テープ（Ｂ）がワンタイムパッドだ。

ワンタイムパッドには３つ条件がある。第一は、送りたい情報（平文）のテープと同じ長さ（シャノン教授の論文では同じかそれ以上の長さ）があること。第二は、完全にランダムにつくられており、しかも一度使われたら二度と使われないこと。第三は、事前に送信者と受信者に安全に配送されていること、である。

これらの条件を満たすワンタイムパッドを暗号鍵として使うと、暗号鍵と想定されるものを総当たりで当てはめ解読しようとしても、生成されてくる情報の中には、送りたい情報（平文）以外にも意味のあるものが多数でき、解読者には送りたい情報（平文）と区別することができない。その結果、解読不可能になるというのである。

「ヴァーナム暗号」を踏まえたシャノン教授の証明は、あくまで情報理論的な安全性についてのものであり、実際には平文と同等かそれ以上の情報量を持つ暗号鍵を事前に送る必要がある。そのため、ほとんど利用されなかった。

しかし、理論的に、

①暗号鍵の配送問題

②暗号鍵なしでは解読不可能なアルゴリズム

の2点をクリアすれば、完全に安全な暗号がつくれるということが明らかになったことは、それ以降の暗号研究に大きな影響を与えた。

特に、鍵なしでは解読不可能なアルゴリズムは、それを一般に公開しても構わないこと

図表17　暗号研究におけるフレームワークの変化

暗号の要素に注目した従来のフレームワーク

●より複雑な暗号アルゴリズム

●より長い暗号鍵

↓

シャノン教授の証明により導き出された新しいフレームワーク

●暗号鍵の配送問題

●暗号鍵なしでは解読不可能な暗号アルゴリズム

になる。20世紀後半からは電子計算機（コンピュータ）が急速に発展したこともあって、鍵なしでは解読不可能なアルゴリズムについての研究が世界中で盛んに行われるようになったのである。

ちなみに、MITにおける暗号研究者は大きく数学系とコンピュータ系に分かれ、筆者はどちらかといえばコンピュータ系に属する。

数学系の研究は主に暗号アルゴリズムそのものを複雑に精緻にしていくアプローチであり、コンピュータ系はシャノン教授の考え方に沿い、ネットワーク上でいかに完全に安全に情報を伝達するかという研究に重きが置かれてきた。

暗号研究の流れを理解する上で、このことを理解しておくことは有益であろう。

「鍵なしでは解読不可能なアルゴリズム」の提案

「鍵なしでは解読不可能なアルゴリズム」については1970年代初め、IBMに所属していたホルスト・ファイステルという研究者が、換字式暗号と転置式暗号を組み合わせた

「ルシファー（Lucifer）」というブロック暗号を提案した。

このルシファーは米国政府に採用され、1977年に**DES**（Data Encryption Standard）として公表され、その後、国際的に広く使われるようになった。

しかし、DESで使われる鍵（共通鍵暗号）は56ビットの長さしかなく、コンピュータの急速な進歩とともに比較的簡単に解読できることが明らかになった。

また、その採用にあたって米国防総省の情報機関であるNSA（国家安全保障局）が関与しており、不透明さを指摘する声もあった。

米国政府ではそこで1997年から、今度はNIST（米国立標準技術研究所）が中心になって新しい暗号方式を国際公募した。そして、ベルギーの研究者チームが提案した案をベースに2001年、新しい標準暗号として**AES**（Advanced Encryption Standard）を選定した。

AESは現在、世界中で利用されており、日本も暗号規格として採用している。

「鍵の配送問題」についての提案

現代の暗号研究におけるもうひとつのテーマである**「鍵の配送問題」**とは、暗号化と復号化に使う鍵をどのようにして安全に届けるかということだ。

一般に、暗号化と復号化に同じ鍵を使う。これを**「共通鍵暗号方式」**と呼ぶ。共通鍵暗号方式では、いったん鍵を盗まれると暗号を解読されるだけでなく、偽の暗号を作成されるリスクもあり、**非常に危険**である。

シャノン教授の証明においても、あくまで鍵が安全に配送できることが前提となっており、実用面では暗号の安全性を左右する一番大きな問題である。

これに関連して、筆者がメリーランド州フォートミードにある米国立暗号博物館（National Cryptologic Museum）で聞いた話を紹介しておこう。

この博物館は先ほど触れたＮＳＡに隣接している。筆者が四半世紀ほど前に訪れた際、日本の外務省が第二次世界大戦前から終戦まで使用していたとされる紫暗号機（パープル）

を見つけた。

しばらく眺めていると、ボランティアの案内役が話しかけてきた。彼は退役軍人で戦後はNSAで働いていたという。戦争当時は通信を担当しており、何とパープルを使用していたというのである。

彼によると真珠湾攻撃の後、日本が暗号機パープルを積んだ船を送り出したが、そのうちの1隻を拿捕した時に接収した。それが展示品と同じものだったという。

接収したパープルは大活躍したそうで、旧日本軍の情報を容易に手に入れることができたとにこやかに話してくれた。筆者は複雑な思いで聞いていたが、さらに追い打ちをかけるように彼は、「暗号通信機は送信もできるからね」と意味深なことを口にした。この時のことはいまも鮮明に覚えている。

こうした共通鍵暗号方式における「鍵の配送問題」を解決すべく、ホイットフィールド・ディフィとマーティン・ヘルマンという二人の暗号研究者が1976年、**「公開鍵暗号方式（PKS：Public Key System）」**と呼ばれるアイデアを発表した。

「公開鍵暗号方式」では、暗号化する暗号鍵と復号化する暗号鍵は異なるが、一対一対応のペアになっている。そのため、**公開鍵によって暗号化され送信された暗号文は、秘密鍵を持っていなければ復号化できない。**ハッカーが公開鍵だけを手に入れたとしても、復号化はできないのである。

公開鍵は誰にでも公開し、いつでも使えるようにしておくことができるので「公開鍵暗号方式」と呼ばれるようになった。

ディフィとヘルマンのアイデアは概念レベルのものであったが、翌年にはすぐ具体的な公開鍵暗号方式として、**「RSA暗号」**が発表された。

RSAとは、当時MITに在席していたロナルド・リベスト、アディ・シャミア、レオナルド・エーデルマンという発明者3名の頭文字をつなげたもので、数学の素因数分解問題を利用した点に特徴がある。

大きな素数pとqをつくり出し、その積n＝p×qを計算することは簡単だが、逆に2つの大きな素数の積であるnからpとqを素因数分解で求めるには非常に長い時間がかかり、現実的ではない。このことを利用して、公開鍵と秘密鍵を用意するのである。

「RSA暗号」は非常に使いやすく、いまや暗号通信だけでなく、公開鍵と暗号鍵を逆に使う（秘密鍵で暗号化して送信し、公開鍵で復号化する）デジタル署名においても利用さ

図表18「共通鍵暗号方式」と「公開鍵暗号方式」の違い

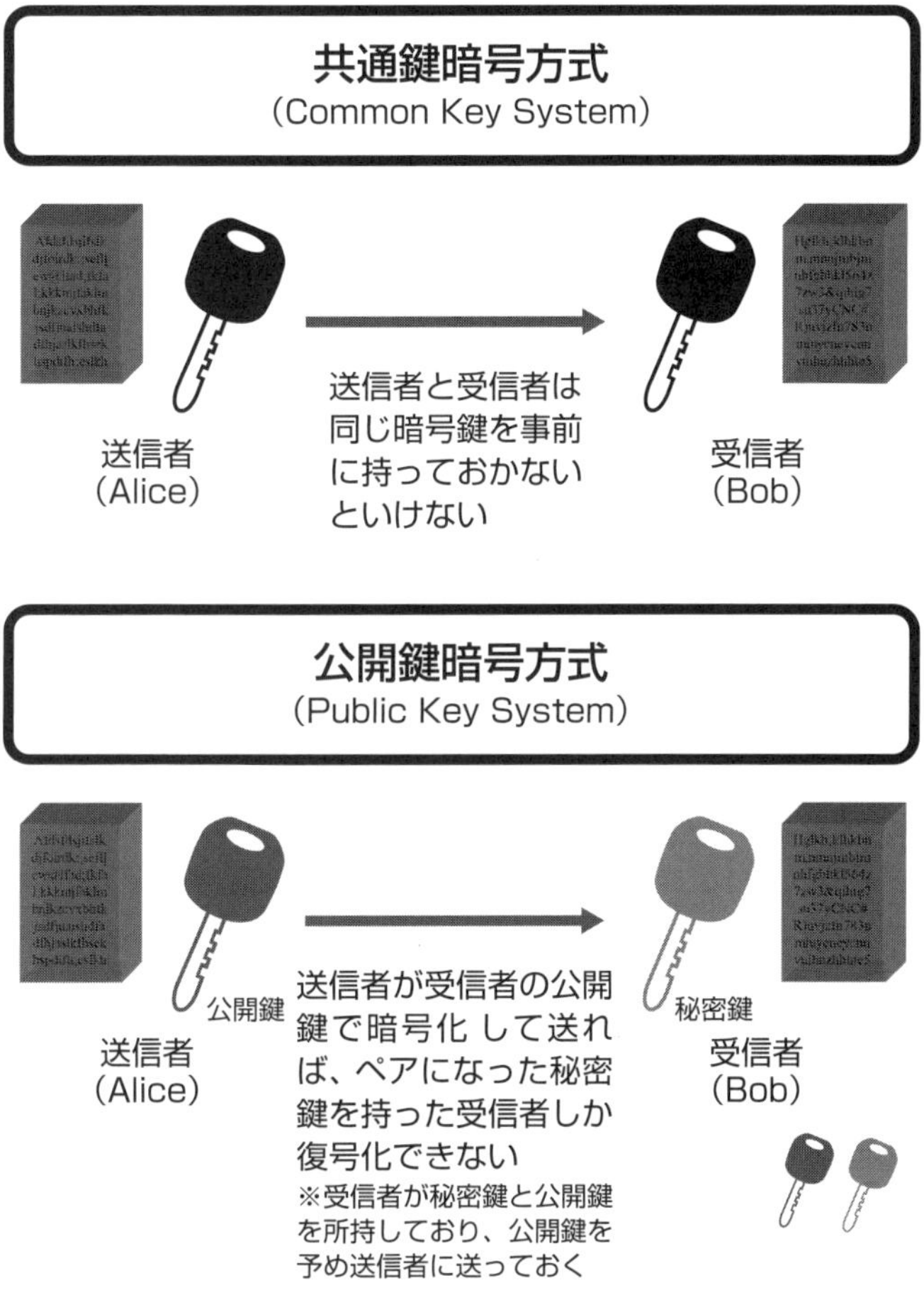
共通鍵暗号方式
(Common Key System)
送信者
(Alice)
送信者と受信者は同じ暗号鍵を事前に持っておかないといけない
受信者
(Bob)
公開鍵暗号方式
(Public Key System)
公開鍵
送信者
(Alice)
送信者が受信者の公開鍵で暗号化 して送れば、ペアになった秘密鍵を持った受信者しか復号化できない
※受信者が秘密鍵と公開鍵を所持しており、公開鍵を予め送信者に送っておく
秘密鍵
受信者
(Bob)

れている。

なお、「公開鍵暗号方式」としてはほかにもいくつかの方式が考案されており、そのひとつが、楕円曲線離散対数問題と呼ばれる数学的問題を利用した「**楕円曲線暗号**」である。RSA暗号にしろ楕円曲線暗号にしろ、「公開鍵暗号方式」は公開鍵を予め公開しておけるので、インターネット時代にマッチしており、電子入札やSSL／TLS、ブロックチェーンなどにますます広く使われている。

量子コンピュータの脅威

このように現在、**世界中で広く利用されている「AES」と「公開鍵暗号方式」**（RSA暗号や楕円曲線暗号など）であるが、実は近年、その限界が明らかになってきている。理由は、**量子コンピュータの急速な進化**だ。

AESにしろRSAにしろ、以前はスーパーコンピュータによっても解読することが事実上、不可能であるから安全だとされていた。こうした計算上の難易度によって安全性を確保するアプローチを**「計算量的安全性」**と呼ぶ。

しかし1994年、米国ベル研究所のピーター・ショア博士によって、量子コンピュータを使用すれば素因数分解を実用的な時間で計算できるアルゴリズムが発表された。

このアルゴリズムを用いると、原理的には現実的な時間内で素因数分解が可能となるといわれている。つまり、**量子コンピュータが実現すると現在のRSA暗号はすべて破られてしまう**かもしれないのだ。

2030年頃には量子コンピュータが普及すると考えられている。そのため2015年8月、NSAは過去10年以上にわたって推奨してきた**AESやSHA256（暗号用ハッシュ関数の世界標準）を含む暗号技術が、もはや安全ではない**と宣言した。

また2016年2月、重要データを扱う企業や政府各部門に対して、「量子コンピューティングの分野で研究が深まっており、NSAがすぐ行動を起こさなくてはいけないほどの進歩になっている」と、量子コンピューティングの脅威に関する詳細を発表している。

そして、NSAはNISTと共同で、量子コンピュータ時代以後にも使える**耐量子コンピュータ暗号の新しい標準アルゴリズムの開発**に取り組み始め、新たなアルゴリズムの国際的な募集も行っている。

日本でも２０１８年1月、国立研究開発法人 情報通信研究機構（ＮＩＣＴ）が最先端の格子理論に基づく新しい暗号方式「ロータス（ＬＯＴＵＳ）」を開発したことを発表した。

ロータスは、米国ＮＩＳＴの公募における候補に残っている。ＮＩＳＴの公募の候補には日本から、ＫＤＤＩ総研の「線形符号の復号」、東芝の「非線形不定方程式の求解」も残っている。

耐量子コンピュータ暗号が、現在の公開鍵暗号研究の最前線である。

【コラム】

「量子暗号」の可能性

「公開鍵暗号方式」の弱点を克服する方法としては、量子の特性を利用して秘匿通信を行う「量子暗号」と呼ばれる技術も注目されている。

当初、量子暗号は共通鍵の配送方法、すなわち「量子鍵配送」（ＱＫＤ：Quantum

Key Distribution）として考案された。

１９８４年、ＩＢＭワトソン研究所で量子コンピュータを研究していた物理学者チャールズ・ベネットとモントリオール大学の数学者ジル・ブラサールによって最初の量子暗号「ＢＢ84」が発表された。

「ＢＢ84」では、１つの光子の状態を複数の偏光状態の重ね合わせとすれば、「観測」するまでどの偏光状態であるか決まらないという量子力学の性質を用いる。

送信者（Alice）が受信者（Bob）に量子（光子）を送信する際、両者が同一の基底を選んだビットについては第三者に決して送信内容を読み取られずに情報を伝達できる。また、盗聴者（Eve）が盗聴しようとすれば、「観測」することで重ね合わせ状態が壊れてしまい盗聴したことがばれる可能性がある。

このほか量子鍵配送（ＱＫＤ）として、英国の物理学者アルトゥル・エカートによる「Ｅ91」が知られている。

「Ｅ91」では、一対の量子は互いに引き離してもその状態が保たれるという量子もつれ（量子エンタングルメント）の性質を利用する。量子もつれ状態は観測によって解消される。

例えば一対の量子は、観測されるまでは「UP」と「DOWN」のもつれ状態をとっており、観測されるまでどちらの量子が「UP」または「DOWN」であるかは決まらない。ところが、片方が観測され、例えば「UP」と決まれば、必ずもう一方は「DOWN」となる。この特性を使えば暗号鍵の配送ができる。

なお、量子鍵配送は鍵を生成・配送することにのみ使われ、実際のデータ転送には使われない。すなわちこの暗号鍵はどんな暗号アルゴリズムにも用いることができ、暗号化されたデータは通常の伝送路によって送ることができる。

現時点で残る問題点として考えられている伝送距離については、量子テレポーテーションを使えば中継ができ、距離を延ばせる。2017年に中国は1200キロメートルの長距離伝送に成功したと発表している。また、単一光子を使用する場合、伝送速度に制約が残るが、レーザーなどを使う方法が考案されている。

より本質的な問題は「中間者攻撃」

近年のコンピューティングパワーの目覚ましい向上に対しては、いま触れたように耐量子コンピュータ暗号アルゴリズムや量子暗号通信といった対応が進められているが、実はその前により本質的な問題が存在する。

それが**「中間者攻撃（ＭＩＴＭＡ：man-in-the-middle-attack）」**である。

「中間者攻撃」とは、送信者（Alice）と受信者（Bob）の間に何らかの方法で第三者（Eve）が入り込み、送信者と受信者それぞれと公開鍵暗号方式で通信する。結果的に、二人がピア・トゥ・ピア（Ｐ２Ｐ）方式で直接通信しているように思わせながら、情報を横取りしたり、別の情報を差し挟んだりすることできるのだ。

前述の通り、公開鍵暗号方式は、共通鍵暗号方式の弱点である「暗号鍵の配送問題」を解決すべく考案された。

共通鍵方式では、暗号化と復号化に同じ暗号鍵を用いるのに対し、公開鍵暗号方式においては暗号化と復号化に一対の異なるペアの鍵を用いる。公開鍵で暗号化された暗号文はそのペアとなる秘密鍵でしか復号化できない。それゆえ暗号化する鍵は公開しておいても構わないので公開鍵暗号方式と呼ばれる。

こうして暗号鍵の配送問題が解決されたかと思われたが、新たな問題が露呈した、それはその公開鍵が誰のものか特定できないという安全性における脆弱性であった。

中間者（攻撃者）が本物の受信者になりすまして中間者の秘密鍵とペアになった公開鍵を送信者に送った場合、送信者が本物の公開鍵と勘違いし、これを使って暗号通信してしまう可能性が、極めて高い。中間者（攻撃者）だけが暗号文を復号化でき、情報を盗むことができてしまうのだ。

さらに、盗んだ情報を本物の公開鍵で暗号化して受信者に送れば、受信者は自分の秘密鍵で復号化できるので、情報が盗まれたなどと露も思わない。

図表19 「共通鍵暗号方式」と「公開鍵暗号方式」の違い

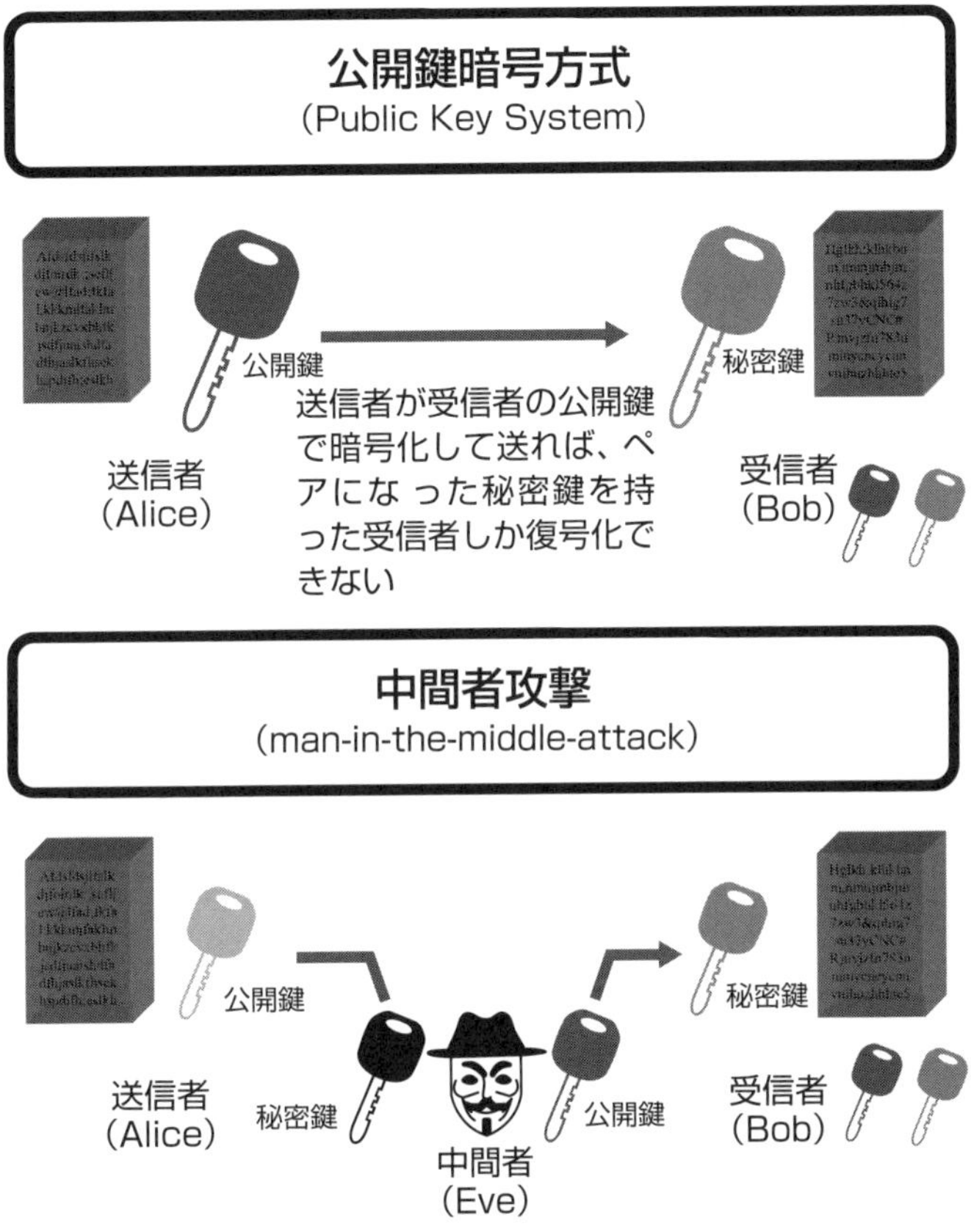

中間者が受信者になりすまして中間者（攻撃者）の公開鍵を送信者に送り、送信者はこの公開鍵を正しいものと勘違いしてこの鍵を使って暗号化した暗号文を送る。中間者はそれを自分の秘密鍵で復号化し、今度は受信者の公開鍵で暗号化して受信者に送る。受信者は送信者からの通信だと思いこむ

ＳＳＬ／ＴＬＳプロトコルも「中間者攻撃」には無防備

現在、インターネットでは広く**ＳＳＬ（Secure Sockets Layer）／ＴＬＳ（Transport Layer Security）**プロトコルと呼ばれる暗号通信方式が用いられている。ホームページ等のＵＲＬの先頭が「https://」というように「http」に「s」が付き、ブラウザには「鍵マーク」が表示される。

ＳＳＬ／ＴＬＳなら安全というイメージが広がっているが、いま説明した「公開鍵暗号方式」における**「中間者攻撃」のリスクは、そのままＳＳＬ／ＴＬＳにも当てはまる。**

なぜなら、ＳＳＬ／ＴＬＳプロトコルでは、第１段階として「公開鍵暗号方式」を使って当事者認証と「共通鍵」の送付を行い、次に第２段階として共通鍵を使って暗号通信（「共通鍵暗号方式」、１４２ページ参照）を行う。なぜ２段階なのかというと、「公開鍵暗号方式」では暗号鍵が非常に長くなり、暗号化・復号化の速度が大幅に遅くなる。一定時間内に送ることのできる情報量が限られてしまうのだ。そこで、まず当事者認証と共通鍵の送付を「公開鍵暗号方式」で行い、大量の情報を暗号化して送受信するためには短い暗

図表20 ＳＳＬ／ＴＬＳプロトコルの仕組み

〈第１段階〉「公開鍵暗号方式」による当事者認証と共通鍵の送付

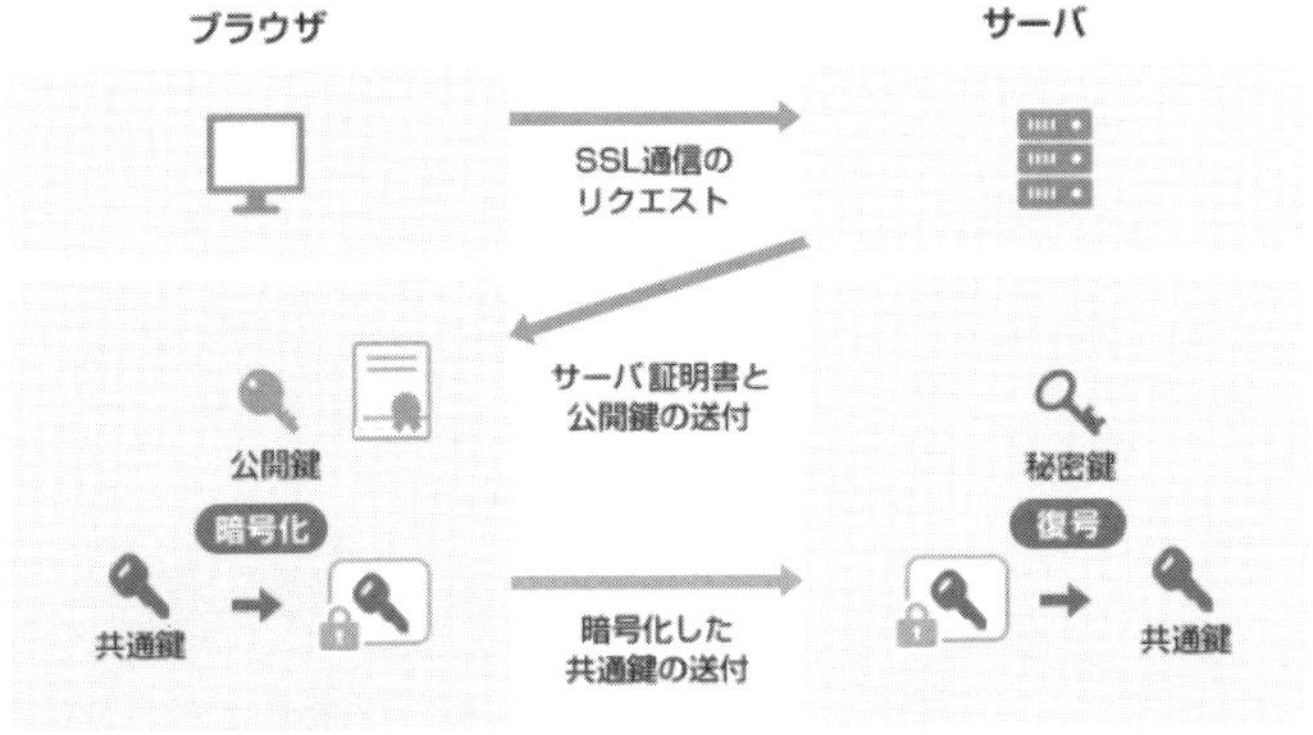

〈第２段階〉「共通鍵暗号方式」による暗号通信

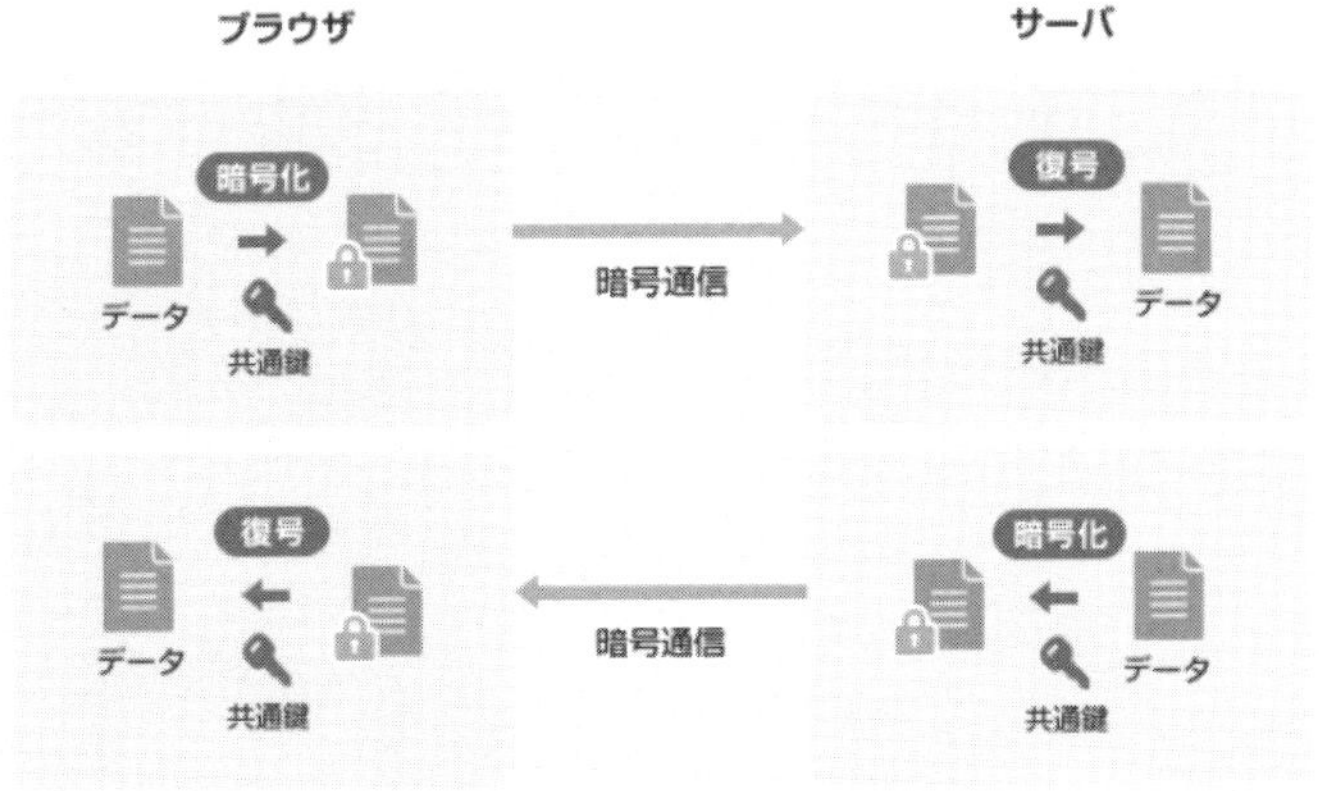

（出所）https://ssl.sakura.ad.jp/column/ssl/　をもとに著者編集

号鍵でも十分な強度があるとされる「共通鍵暗号方式」を用いるのである。

しかし、結局は第1段階の当事者認証と共通鍵の送付のところで「中間者攻撃」を受けると、第2段階では当事者になりすましての暗号通信が自由に行えるのである。


一方で、IDとパスワードだけでは十分といえない当事者認証を強化するために、**ワンタイムパスワード（OTP）**を用いるケースもある。ワンタイムパスワードとは、一度限り有効な、使い捨てのパスワードのことである。

ワンタイムパスワードは現在、世界で**RSA方式**と**OAuth（オース）方式**に二分されており、筆者はかつて大多数の企業が所属するOAuthグループの中で、技術会議メンバーに所属していた。

例えば、ユーザー一人一人に与えられた専用デバイス（トークンと呼ばれたりする）のボタンを押して1回限り（ワンタイム）しか使えない、毎回可変のパスワード（OTP）を発生させて使用する。

ログインしようとするサーバにも専用デバイスと同じソフトウェアが実装されており、ユーザーごとに同じワンタイムパスワードが生成されるので、ログイン時にIDと一緒に送付すればユーザーを認証できるとされる。

しかし、これも「中間者攻撃」を防ぐことはできない。インターネットの中間に潜む攻撃者が本人のＩＤ、パスワード、ワンタイムパスワードを盗み、これを使って本人になりすましてログインする。サーバには本人か攻撃者かどちらがログインしているのか分からない。

そこで、ワンタイムパスワードのベンダー（供給者）はそのような状況を想定し、サーバ側から繰り返し新しいワンタイムパスワードを要求することで本人か攻撃者か識別するよう助言している。ワンタイムパスワードを発行するトークンを持たない攻撃者は新しいワンタイムパスワードを発行できないと仮定するからだ。

しかし実際は、中間者（攻撃者）は何ら困ることはない。新しいワンタイムパスワードを要求されても、銀行等のサーバのふりをして本人にワンタイムパスワードを要求するだけのことである。銀行等から要求されたと勘違いした本人は、何も知らずにトークンで新しいワンタイムパスワードを発生させて、サーバになりすました攻撃者に送る。中間者

（攻撃者）はそれを銀行等のサーバに送るだけのことである。つまり**ワンタイムパスワード技術は中間攻撃者が入れる環境下では全く役に立たない**。

さらにこの問題に対し、最近は信頼できる**第三者機関（ＴＴＰ：Trusted Third Party）**が発行する公開鍵証明書を用いる**公開鍵基盤（ＰＫＩ：Public Key Infrastructure）**と呼ばれる方法が使われている。

この基盤では、認証局を設けて、公開鍵が一体誰のものであるか認証し証明書を発行する。しかし、攻撃者も巧妙でこの同じ証明書を偽物の公開鍵にも添付するので、効果は疑わしい。

それゆえ、認証局はさらに証明書のための証明書を発行しこれに対抗するが、攻撃者も同様に対抗する。また認証局はこれに対抗し証明書の証明書を発行し……。

このように、証明書を何重に付けても偽造そのものは完全には防げない。現在まで続くむなしい努力である。

もはやこれ以上の証明書がいらない究極の証明書として特定機関が発行する「ルート証

明書」というものがある。これに至っては、予めオフラインで安全に相手に送付することで中間者攻撃を防げるとされるが、これこそ「暗号鍵の配送問題」が解決されていないことを自ら証明しているようなものだ。

実は、量子鍵配送（ＱＫＤ）も「暗号鍵の配送問題」を解決しているわけではない。なぜなら、量子もつれ状態をつくるには、両者が一度近接状態にならなければならないからである。

送受信者同士の認証問題はまだ解決されていない。

完全暗号に求められる究極の条件

このように考えてくると、完全に安全な暗号（完全暗号）を実現する究極の条件は、暗号鍵そのものを配送するのではなく、遠隔地にいる情報生成者と使用者を離れた状態のままシンクロさせること（遠隔同期＝Remote Synchronization）であるといえる。

これが満たされれば、通信における「エンド・トゥ・エンド・プロテクション」が可能になる。

「エンド・トゥ・エンド・プロテクション」とは、情報が生成された直後に暗号化し、情報が使用される直前に復号化することである。

さらに情報処理プロセスを透明化するコンピュータアーキテクチャーを採用する機器と併せて使用すれば、現在の情報セキュリティ上のほとんどの問題を解決できる。

遠隔同期についてもう少し詳しく説明しよう。遠隔同期とは、遠隔地にもかかわらず送信者と受信者がオフラインで同期を取り、お互いだけしか知らない**共通の秘密情報**（**シェアード・シークレット＝Shared Secret**）を発生させ、これを共有するということである。この共通の秘密情報を共通鍵の一部として用いる。

オフラインでシェアード・シークレットを共有するだけなら、ジュリアス・シーザーの時代から様々な方法が用いられている。例えば、時計を用いる方法がある。当事者が会った時にわざと標準時刻とは異なる時刻合わせを行う。標準時刻とは異なるこの時刻は、時刻合わせをした当事者同士しか知らない時刻であるから、共通鍵と言える。

また、当事者だけが知る情報を選び、共通鍵とすることもできる。例えば、祖母と父の名前と生年月日を合わせた「sobononamae19350215chichinonamae19620809」のようなものである。

もっと確実なのは、１年間使えるように３６５日×24時間×60分＝52万５６００個の分単位の時間幅と乱数の対照表を符号表として使う方法である。互いに同じ時刻において同じ乱数が特定できるので、これを共通鍵とすることができる。

ただし、互いの時計がずれていたり、宇宙空間のように光速でも数分以上かかるような遠隔地においては相対性理論により時刻がずれるので使用できない。

ちなみに、量子鍵配送もシェアード・シークレットを共有する試みである。

ところが、実際には互いに会わずにこれを行うことは難しい。そこで筆者が提案しているのが、**人工知能による「一卵性双生児現象」を利用**する方法である。

予め定められたＤＮＡに従い、同じ環境で育てられた人工知能は、同じことを考え、同じ言葉を話すようになる。筆者が考案した新しい**人工知能アーキテクチャーによるＣＰ(Cognitive Proccesor)** を用いればこの実装は可能である。

ＣＰは、非ノイマン型のコンピュータプロセッサーである。まったく同じ回路構造を持つ2つのＣＰを、離れた地点であっても同じ環境で使用し続けると、何年経っても同じ入力に対しては同じ信号を出力する。同じＤＮＡを持つ一卵性双生児が同じ環境で育てられると、同じような性格、運動能力を持つといわれているのと同じ現象である。これを「一卵性双生児現象」と名付け、暗号鍵の配送問題の解決に応用することにしたのだ。

一卵性双生児現象に特化したＣＰを「ＣＰ－２」と名付け、特にセキュリティ向けに開発した暗号回路を搭載する暗号通信ボードを「CP-Security」と呼んでいる。

その後、「CP-Security」はソフトウェア化し、アプリケーションとしてサーバ、パソコン、スマホなどに搭載できるようにもしている。

そして、この簡易的応用技術といえるのが、**「ワンタイムパスワード利用遠隔非同時同期システム」**である。

ワンタイムパスワード方式では、予め乱数などの対照表を持つとその内容が盗まれてしまうと危険なので、専用のトークンを使って、その都度1回しか使えない新しいワンタイムパスワードを発生させる。しかし先ほど述べたようにワンタイムパスワード方式は、中

図表21「一卵性双生児現象」を利用した「遠隔非同時同期」

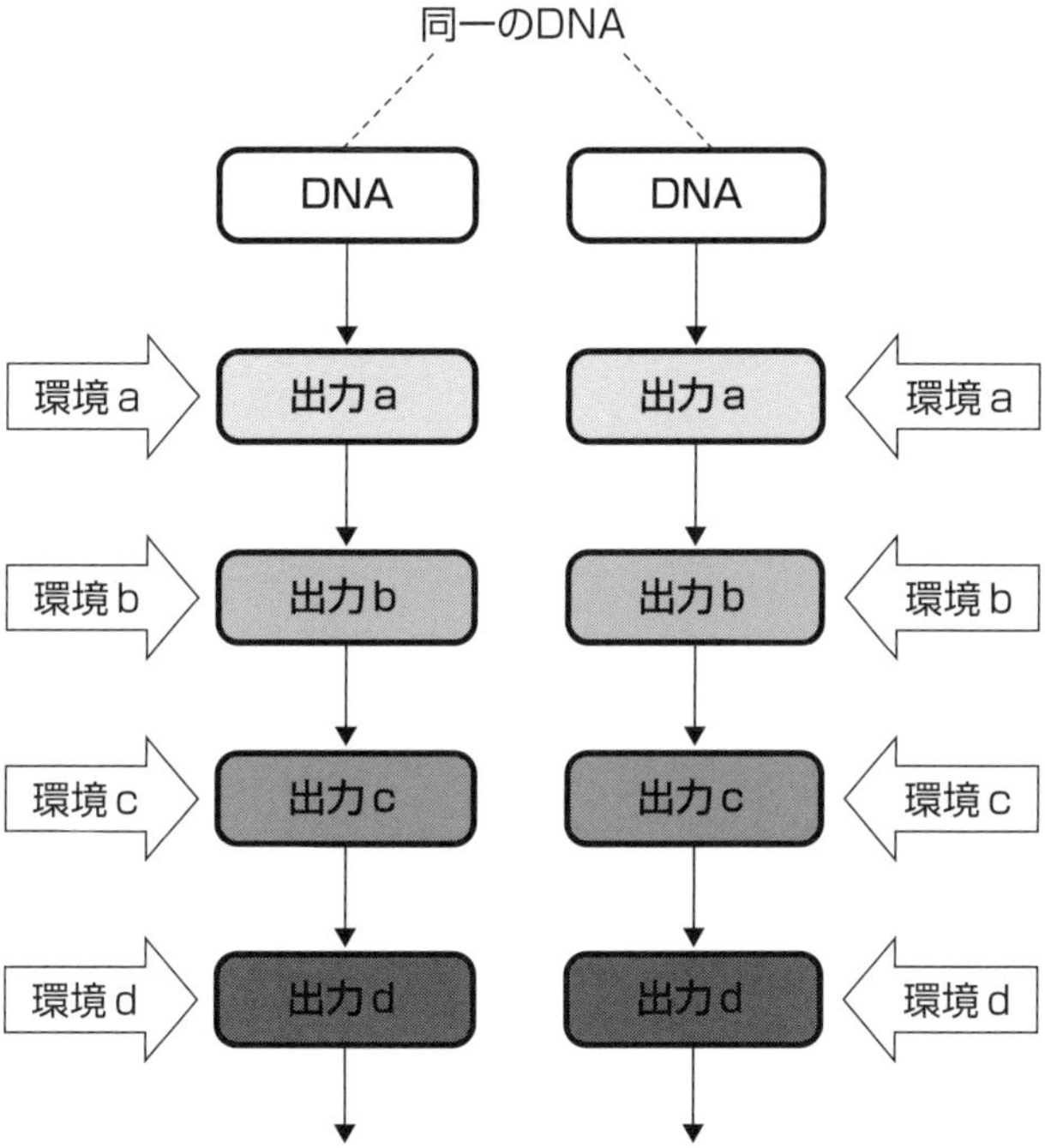

間者（攻撃者）が入れる環境下では役に立たない。ＯＴＰをサーバに送る際、ネットワーク上を通るので中間者（攻撃者）に盗聴される可能性は排除できない。

そこで、ネットワークにまだ送っていないＯＴＰを使うのはどうだろう。ログイン時に送ったＯＴＰの次、またはその次のＯＴＰを予めシェアード・シークレットとすることを決めておけば、暗号鍵そのものの配送は不要となる。

具体的には、**時間同期式ワンタイムパスワード（ＴＢＯＴＰ：Time Based One Time Password）**と**イベント同期式ワンタイムパスワード（ＥＢＯＴＰ：Event Based One Time Password）**がある。

一般的時間同期式ワンタイムパスワード（ＴＢＯＴＰ）におけるトークンは、予め同期させたいＴＢＯＴＰ専用のサーバと初期設定値を共有しており、初期設定されたトークンとサーバ間でのみ同期し、同じ時刻において同じＴＢＯＴＰが得られる。

しかし、トークンに内蔵された時計は狂うことがあり、必ずしもすべてのトークンが同じ時刻を指すとは限らない。また、超遠隔地の場合は時刻そのものがずれることが知られている。それゆえ、サーバとの間で必ずしも同期は取れない。さらに、ネットワーク時計を使えば互いに正確な時刻が得られると考えるかもしれないが、ネットワークを通して偽の時刻が送り込まれれば同期は取れなくなる可能性がある。

そこで考案されたのが**イベント同期式ワンタイムパスワード（EBOTP）**である。時間同期方式では一定時間毎にワンタイムパスワードが発生されるが、イベント同期方式ではトークンのボタンを押す度に計算し、新しいワンタイムパスワードを発生させる。そのため、TBOTPのようなずれが生じることはない。

このように、EBOTPは「遠隔非同時同期（Remote Non-simultaneous Synchronization）の簡易版として使用できる。

「コンプリート・サイファー」の完成

EBOTPの説明で見てきたように、イベント同期式ではトークンとサーバがつながっていなくても、同時でなくても、同期が取れるという新しい事実が生まれる。もはやネットワークにおいてさえ、同時性は必要なくなる。

中間者攻撃に対する防御としては、そもそも鍵の配送をせずに鍵を共有できれば、中間者が介在する余地はない。お互いが離れたまま自動的に暗号鍵がシンクロする「遠隔非同時同期」やその簡易版であるEBOTPであれば、それが可能になるのである。

なお、完全に安全な暗号（完全暗号）の実装にあたっては、暗号アルゴリズムにも課題があった。シャノン教授によって、「鍵がなければ解読不可能なアルゴリズム」の証明はなされたが、実際には暗号化して送る情報（平文）と同じかそれ以上の長さの暗号鍵が必要となり、実用性に問題があったのだ。

この点についても筆者は、新しい発想に基づく方式の開発とその数学的証明に成功した。これによって完全暗号が初めて完成し、筆者はこれを**「コンプリート・サイファー」**と命名している。

この「コンプリート・サイファー」を通信に応用することで**「エンド・トゥ・エンド・プロテクション」**が可能になる。また、「コンプリート・サイファー」を貨幣に応用したのが**「クリプトキャッシュ」**なのである。

インターネットの第2ステージへ

半世紀以上にわたって発展を続けてきたインターネットは、人類が追い求めてきた飽くなき距離および時間の最小化への欲求に応えて距離を超越し、時間の壁も突き破った。4次元を構成する3つの空間軸と1つの時間軸をすべて極小化し、情報を1点に集中させることでインターネットの「第1ステージ」は完成した。

いまや望むならば、時空を超えて情報を手に入れることができる。過去の日記や古文書だけではない。音声や映像など、あたかも目の前でリアルタイムに繰り広げられているように接することができる。インフォメーション・シェア・プラットフォーム（Information Share Platform）の実現である。

インターネットが当たり前に使われる社会は「P2P社会」と呼ばれ、距離と時間を超えて個人と個人が直接、触れ合う。仕事上の打ち合わせや学校教育、遠くに住む友人や家族との交流など、お互いが望めばいつでもどこでも可能である。もちろん実際に会うことの重要性は変わらないが、ネットを介することでより頻繁に親密な時間を過ごすことができる。

そして今後、**インターネットは「第2ステージ」**へと進んでいく。

それを可能にするのが「遠隔非同時同期」である。お互い遠く離れていながら、必要に応じて同期を取ることができれば、いつでもお互いを認知し認証することができる。距離と時間を超えて個人と個人が直接、触れ合うだけでなく、「相手が間違いのない相手である」ことが確認できるのだ。

インターネットの第1ステージでは、情報のやり取りのスピードやコストは劇的に改善した。しかし、情報の信憑性や相手の真正性までは担保されない。それゆえ様々な問題が噴出している。

インターネットの第2ステージでは、「遠隔非同時同期」ネットワークが構築されることで、お互いを確実、安全に認証し合える。そのため、情報のみならず価値の交換や共有も安全に低コストで行えるようになるのだ。

現在、インターネットの第1ステージで様々なサービスが隆盛を極めているが、ようやく扉が開いたインターネットの第2ステージでは、これまでの想像を超えた新しいサービスが展開されるであろう。

例えば、インターネットの第2ステージでは、個人認証にソーシャルセキュリティナンバーやマイナンバーなどの個人を特定する通し番号を使う必要はない。遠隔非同時同期を使い、毎回変化し必要な時だけ使える1回きり有効なダイナミック・マイナンバー（可変型マイナンバー）を付与すればよい。

しかも、固定ナンバーは常時リアルタイムで捕捉され、監視され得るが、ダイナミック・マイナンバーであれば、必要な時にだけ認証されるのでプライバシーを守ることができる。

東京で一人暮らしの人が、地方に出張した際のホテルのチェックインを考えてみよう。ホテルでは本人情報を正しく記入することが定められているが、これは危険な行為である。東京の自宅が不在であることが明らかになってしまうからだ。空き巣などの被害にもあいかねない。

こんな時、ダイナミック・マイナンバーであれば、本人確認が必要な場面以外は個人情報を知られずに済み、安心だ。事件が起きた時などは、必要に応じて裁判所の命令等で個人の認証を行えばよい。

プロセス透明化コンピュータの必要性

なお、完全暗号の実装には、「遠隔非同時同期」とともに、**「情報処理プロセスを透明化するコンピュータアーキテクチャーを採用する機器」**も必要である。

これは、すべての作業プロセスが見えるコンピュータ（**プロセス透明化コンピュータ**）のことである。

これまでコンピュータは複雑化の一途をたどってきた。個人用のパーソナルコンピュータでさえ、文字だけでなく画像や動画も扱えるようになり、いまでは一部初歩的な人工知能技術を搭載しているものもある。

搭載されるアプリケーション一つ一つを取っても例外ではない。定番のワープロソフトや表計算ソフトなどにもほとんどの人にとって必要のない機能が組み込まれ、ソフト自体が大きくなって、遅く使いにくいものとなってしまった。

99％以上のユーザーにとって必要なアプリケーションソフトとしてはほかに、ブラウザ、スケジュール管理ソフトやプレゼンテーションソフトなどもあるが、同様に必要以上に肥大化している。

その結果、作業動作は遅くなり、何よりもバックグラウンドでどんなプロセスが行われているのかさえ分からない状態である。

コンピュータにダメージを与えるマルウェアは、高機能化したＯＳ（オペレーションシステム）やアプリケーションの機能を流用することで簡単に作成できる。それゆえに、動作の一つ一つがマルウェアによるものかアプリケーションによるものか判別が難しく、情報セキュリティ上の脅威を増大している。

プロセス透明化コンピュータでは、プロセスが適切か不適切か明白である。プロセス透明化コンピュータを採用し、不正なプロセスを止め、正常なプロセスのみ動作させることができれば、ほとんどの脅威を防御することができる。

さらにプロセス透明化コンピュータでは、必要なＣＰＵ（中央演算装置）はいまほどのスペックを要求されず、データそのものも小さいので記憶媒体も小さくて済む。扱う情報量が小さくなるので、演算も通信も劇的に速くなる。そして安い。

「遠隔非同時同期」と「プロセス透明化コンピュータ」によって、「エンド・トゥ・エンド・プロテクション」が実現するのである。

第6章

完全暗号による「クリプトキャッシュ」の仕組みと使い方

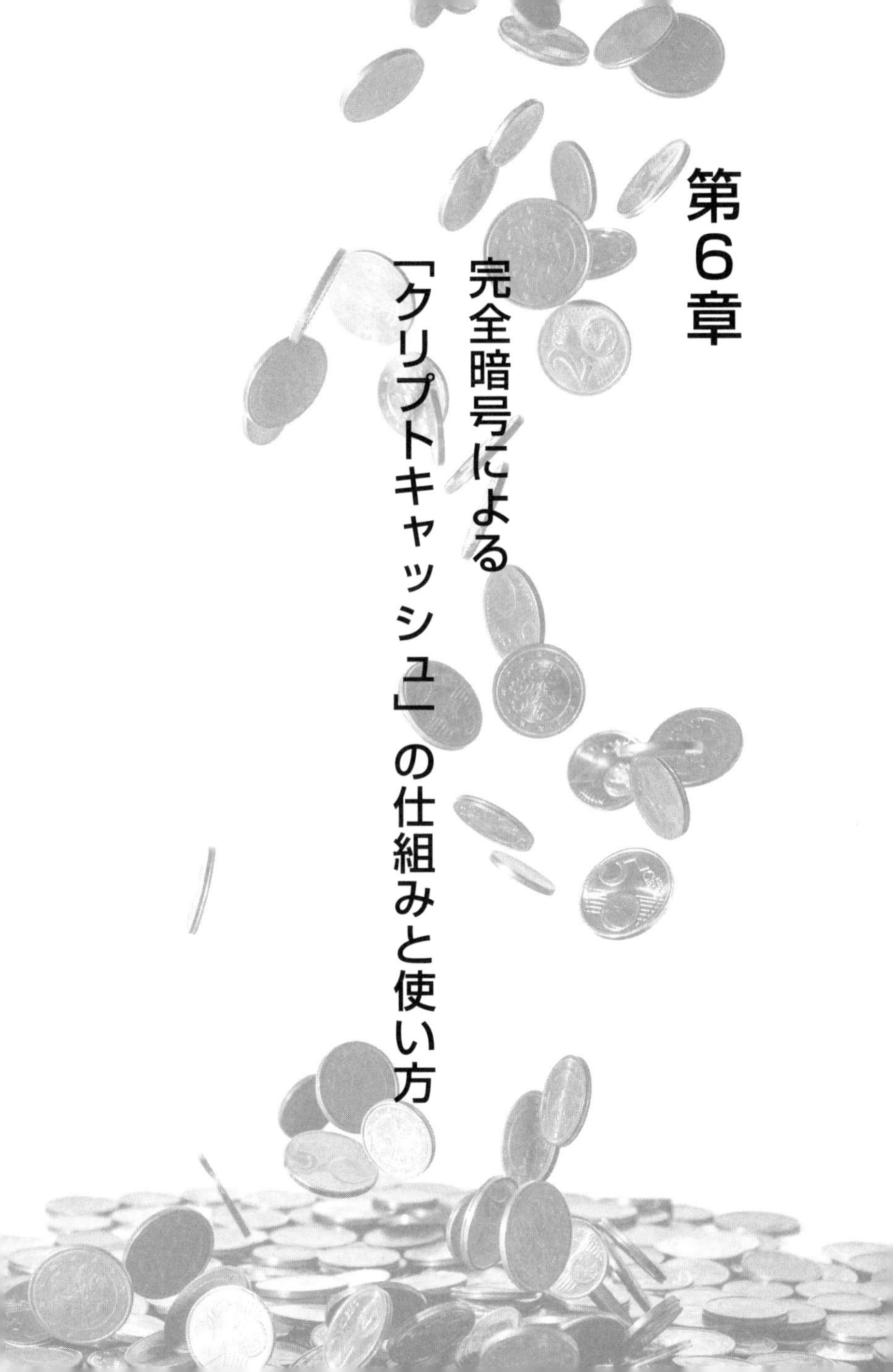

「クリプトキャッシュ」と通貨システムの関係

「クリプトキャッシュ」は、貨幣の本質である「価値の引換券」という機能を、「コンプリート・サイファー」を使って実現する。

「クリプトキャッシュ」の本体は、一度きりしか使えない英数文字等の記号列である。紙に印刷すると紙幣になる。コインに刻印すれば硬貨もできる。もちろんデジタルマネーとしてインターネット上でも使える。

「クリプトキャッシュ」の本質的な機能は、価値を一対一対応で表象することだ。硬貨や紙幣のような「貨幣」と同じように価値移転、価値保存が可能である。台帳への記載は必要なく、即時決済が可能だ。

この記号列は、発行者や発行金額、支払先などの情報をコンプリート・サイファーで暗号化したものだ。また、分割支払いの条件や支払時期、金利や配当、換金時期の指定などの付加情報を追加することもできる。

図表22 「クリプトキャッシュ」のイメージ（再掲）

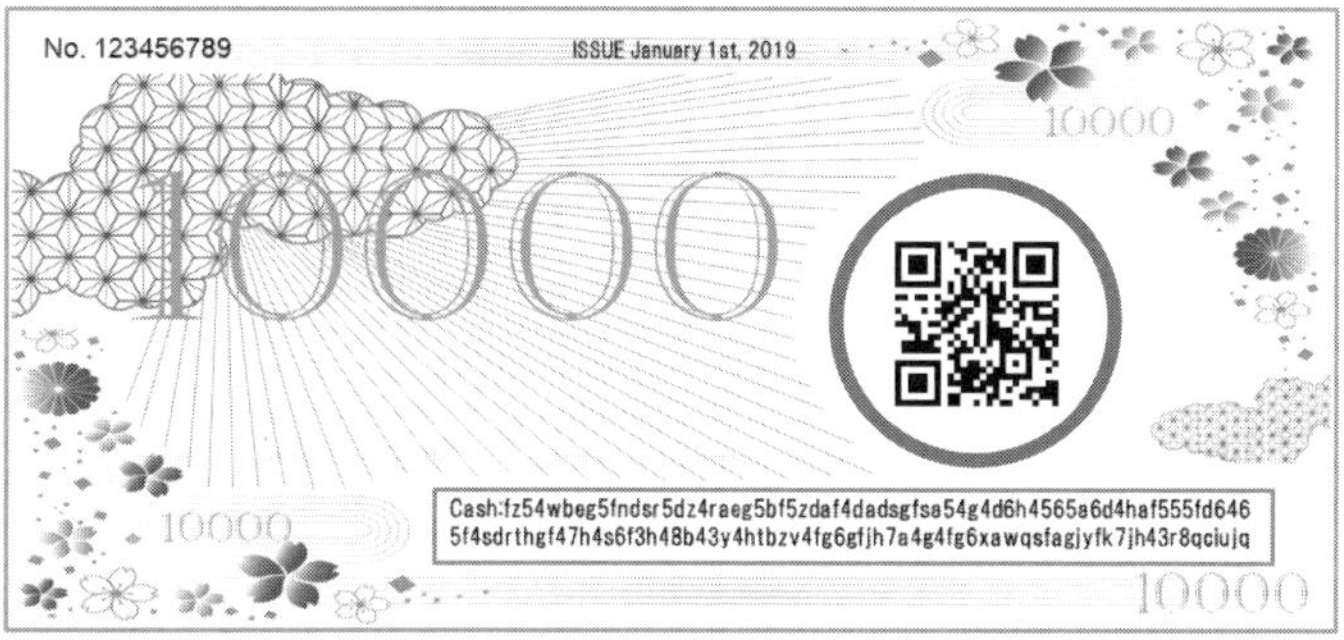

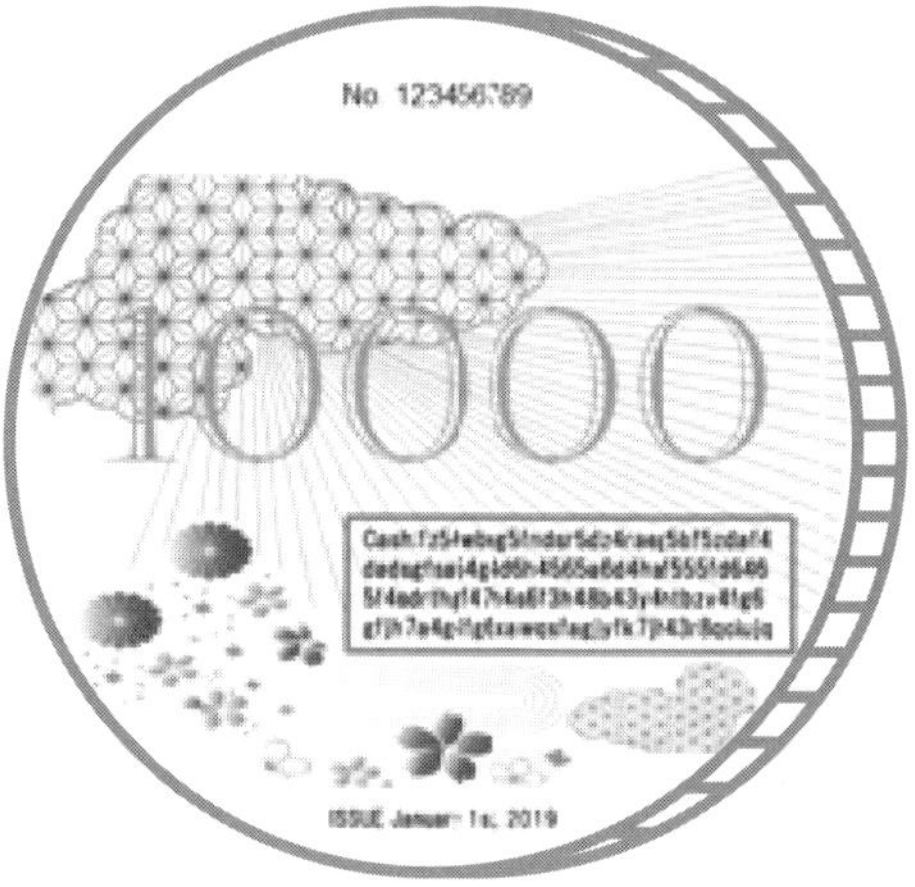

「クリプトキャッシュ」の使用時には、たとえ特殊な紙や印刷など一定の偽造防止対策が施された媒体を持つ場合でも、二重譲渡防止とキャッシュ情報の正確性を担保するために「デジタル真贋チェック」が必要である。

「クリプトキャッシュ」の発行形態

「クリプトキャッシュ」の発行形態としてはコンプリート・サイファーによる暗号記号列をどこで誰がつくるかによって、次の2パターンが考えられる。

ひとつは、発行者のサーバによって「クリプトキャッシュ」を発行する**サーバ発行型**だ。「クリプトキャッシュ」を発行するコミュニティが共有する価値を担保に、イシューサーバで発行し、暗号技術を用いて安全にユーザーのウォレットに届ける。発行情報は直ちにデジタル真贋判定をするコンファームサーバにも届けられる。

ユーザーは「クリプトキャッシュ（記号列）」をウォレットに保管する。ユーザーが店舗などで使用したい時には、決済額以上の「クリプトキャッシュ（記号列）」を取り出して店舗に渡す。

「クリプトキャッシュ（記号列）」を受け取った店舗は直ちにコンファームサーバに問い合わせてデジタル真贋チェックを行うと同時に、決済額と同額の新しい「クリプトキャッシュ（記号列）」を受け取る。おつりが必要な場合は、ユーザーはイシューサーバから差額を受け取る。

「クリプトキャッシュ」を法定通貨に利用する場合や、いわゆる仮想通貨のブロックチェーン停止問題を救済する「サイファー・コア・プロジェクト」（２０１ページ参照）などは、サーバ発行型となる。


もうひとつは、ユーザーのウォレットによって「クリプトキャッシュ」を発行する**ウォレット発行型**だ。こちらは開発に時間がかかるので、実装はもう少し先になりそうだ。

ウォレット発行型として想定しているのが、「シックスペイ」と名付けた仕組みである。ユーザーがスマホで専用アプリを立ち上げ、クリプトキャッシュによる支払いや決済を行うもので、現在のデビットカード、クレジットカード、プリペイドカードなどの代わりとして使える。

例えば、口座には100万円を預けてあるが、スマホのソフトには5万円しか入っていないとしよう。この時15万4800円使いたいとしたら、自分のIDと使いたい金額を決済機関に送信する。デポジットに100万円が入っていて十分払えることが確認できれば、OKと返信が戻る。

すると、ユーザーのスマホアプリが6桁のワンタイム番号（シックスペイ）を暗号技術でつくり出し、これを受取側に伝える。受取側は、ユーザーの決済機関と提携した自身の決済機関のブラウザ上のアプリケーションに入力し、決済機関に伝達する。決済機関同士で決済が行われ、決済終了の合図がユーザーと受取側の両方に届けば決済が完了する。

ポイントは、デポジットを預かっている決済機関（銀行など）からワンタイム番号が送られてくるのではない点だ。それでは途中で盗まれる可能性が拭えない。

6桁の番号（シックスペイ）はアプリ自身が発生させる。

「クリプトキャッシュ」のプラットフォームでは、決済機関側でもアプリと同期が取れており、6桁の番号の正否が判断できる。アプリがつくった6桁を知っているのはアプリと決済機関だけだからだ。

図表23 「シックスペイ」による支払いイメージ

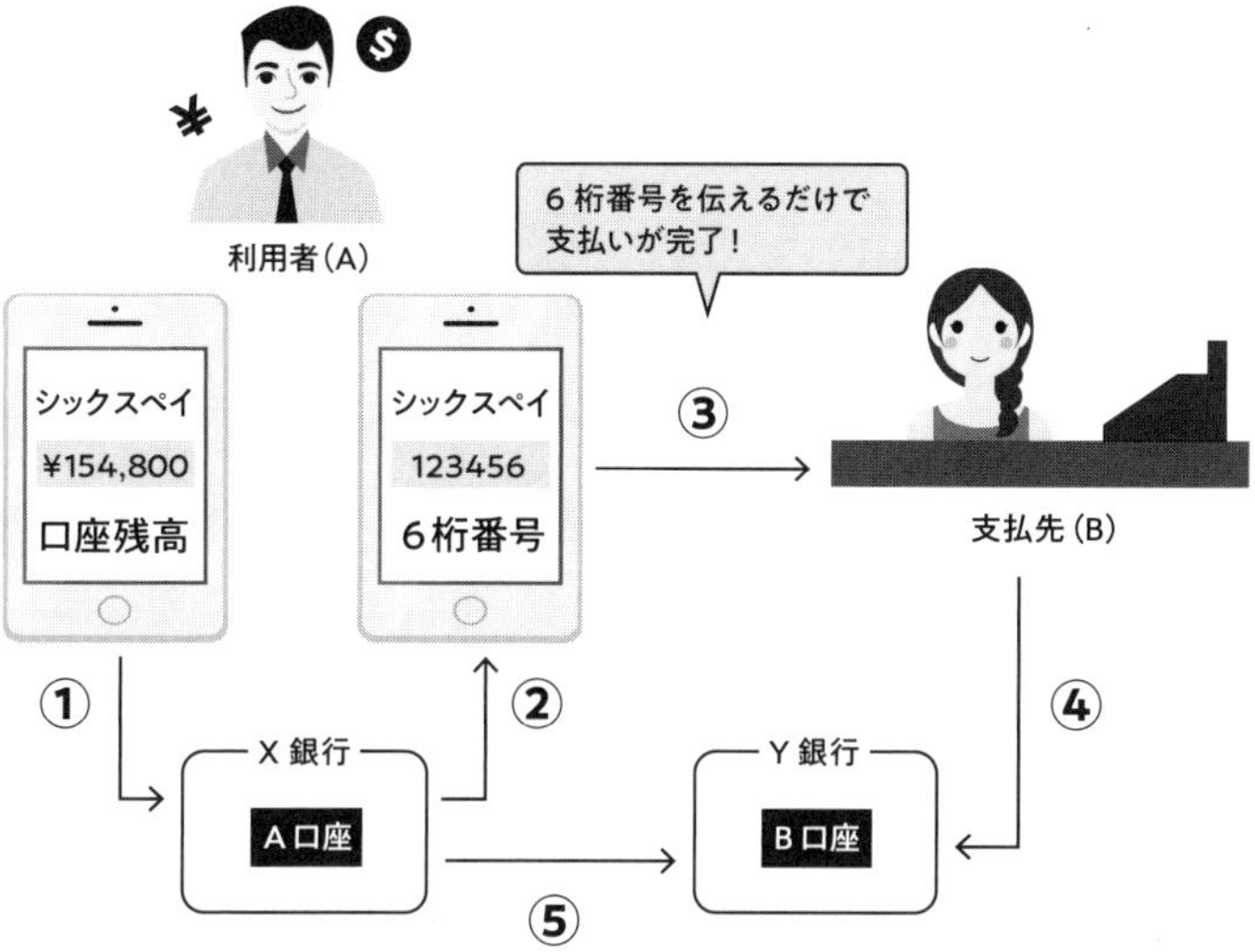

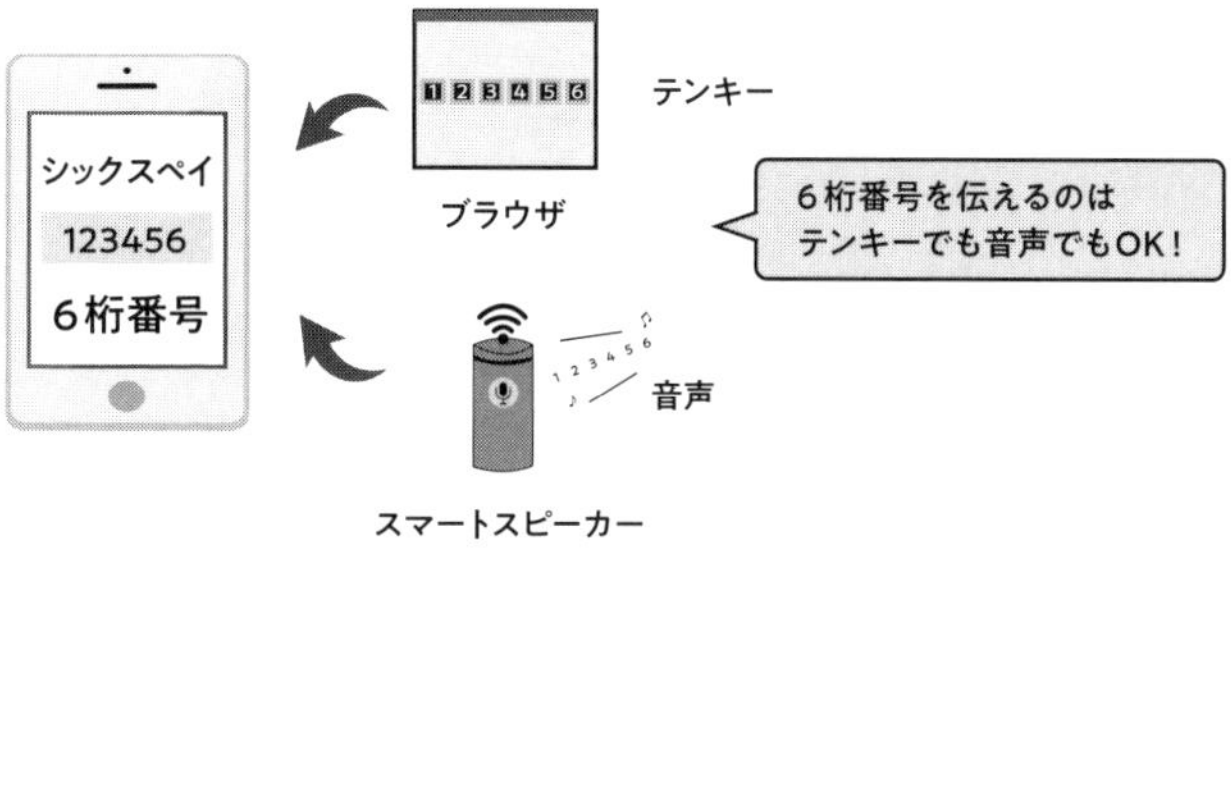

「シックスペイ」における6桁の番号は、ユーザーの端末アプリが発行する決済金額ぴったりで短時間だけ有効なクリプトキャッシュである。

なお、ユーザーから受取側へ6桁の番号を渡す際には、テンキーに打ち込んでもいい。数字を書いて渡してもいいし、宝くじなどのマークシートの小さな丸を塗りつぶして伝えてもいい。もちろん、口頭でもいい。

インターネットでもスマートスピーカーでも使える。例えば「OK! Google!」とAIスピーカーに呼びかけて6桁の番号を伝えれば決済が済んでしまう。

シックスペイ方式は、QRコードでのキャッシュレス決済を手掛けている企業も興味を示している。何しろQRコード読み取り機はもはや必要ないのだから。

高額「クリプトキャッシュ」の発行

先に紹介したペイペイやスイカなどのキャッシュレス方式は安全性を考慮して少額決済

に制限されている。大きな金額の決済はできない。

偽造が困難とされる法定通貨でも、米国では100ドル札、日本でも1万円札が最高高額紙幣だ。大金を不法に貯蓄したり、海外に持ち出したりできないようにするために、金額に制限を設けているといわれている。実際、1万円札だけで1億円の塊をつくると、大体40センチ×30センチ×10センチで、重さは約10キロとなり、不正蓄財も持ち出しもかなり難しい。

それでは、偽造も不正使用もできない「クリプトキャッシュ」を用いた場合はどうか。「クリプトキャッシュ」は記号列なので、どれだけたくさんのキャッシュを用意しても体積も重量もない。不正貯蓄や不正持ち出しに対抗するためには、予め1キャッシュの金額に上限を定め、かつ同時保有や同時使用の数量制限を設けなくてはならない。

それでは、高額の「クリプトキャッシュ」は発行すべきではないのか。

「クリプトキャッシュ」の記号列は、誰が、いつ、いくらの価値で発行したかという情報が暗号化されたものだ。少額の場合は無記名でよいかもしれないが、高額キャッシュを発行する場合には、これら3つの情報に加えて使用者の名前やパスポートナンバーを加えて記名式とすることができる。

記名式にすれば、不正貯蓄や不正持ち出しを防止できるだけでなく、脱税も防ぐことができる。送金は国内にとどまらず、海外送金も簡単にできる。さらに記名式なら、不正使用ができない上に紛失した際でも、再発行ができるので極めて安全だ。

前述の「シックスペイ」も高額決済に利用できる。

「シックスペイ」の場合、発行者がスマホのアプリで「クリプトキャッシュ」を発行し、この記号列には最初からユーザー情報が含まれているので、高額の即時決済には最適といえる。高額になればなるほど桁数を増やして、エイトペイ、テンペイ、トゥエルブペイなどと呼称を変えてもよいのではないだろうか。

業界関係者によれば、全世界でクレジットカードやデビットカードの被害額は年間1兆ドルを超えるとされるが、シックスペイを導入すればこの巨額の被害を防ぐことができる。

「クリプトキャッシュ」によるスマートキャッシュとスマートコントラクト

従来、契約を締結する際に作成する契約書には、金銭授受の項が設けられることが多い。そして、「何日までに某銀行の某口座に振り込む」などと記載するか、契約と同時に手形を振り出すなどの手法がとられる。契約書の作成と金銭授受は、連動はしているものの別々の行為として処理されているのである。

これに対し、暗号資産（特にイーサリアム）では、ブロックチェーンに金銭授受を含む契約手順を書き込んでおき、両方を自動的に処理することができる。これを「スマートコントラクト」と呼ぶ。

「クリプトキャッシュ」においても、ブロックチェーンを用いずに「スマートコントラクト」が可能である。すなわち、「クリプトキャッシュ」は暗号記号列であり、貨幣として発行されるだけでなく、契約書に印紙のように添付したり、記載したりすることが可能だからだ。

例えば、家を建てるため工務店と結んだ建築請負契約書に「クリプトキャッシュ」を添付する。そして、予め合意した契約に従って、工事に取り掛かる際に「クリプトキャッシュ」の3分の1が工務店に移転し、中間検査が終わり次第残りの3分の1が移転し、最終検査が無事に終われば残金が移転するというような処理ができる。

また、「クリプトキャッシュ」では、貨幣に契約（コントラクト）を書き込むことも可能であり、これを「スマートキャッシュ」と呼ぶ。

例えば、紙の上にキャッシュ部分の暗号記号列と、コントラクト部分の暗号記号列を記載するのである。ちなみに、コントラクト部分は容量に制限がない。

価値と「クリプトキャッシュ」

そもそも、人類の経済活動にとって価値とは何であろうか。

図表24 「クリプトキャッシュ」によるスマートキャッシュとスマートコントラクトのイメージ

【スマートキャッシュ】

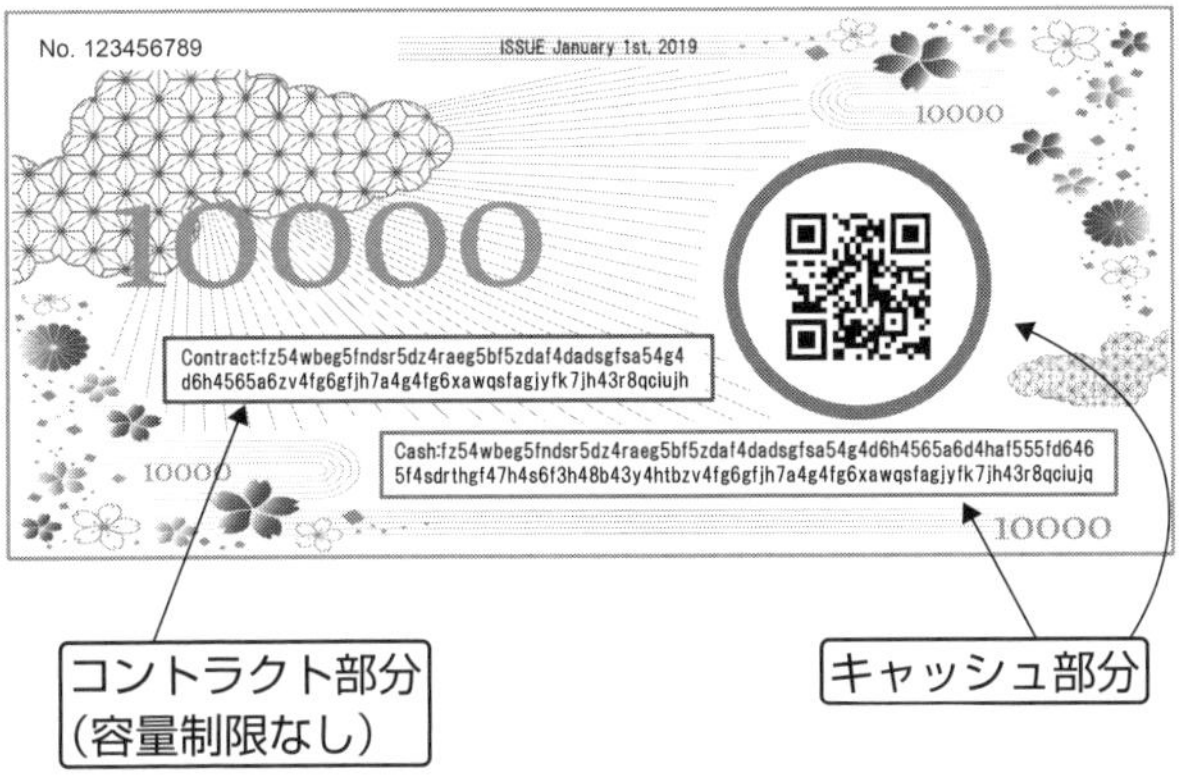

【スマートコントラクト】

直接的には、需要と供給の関係で決まる譲渡価格に相当するものが価値である。ある場所である時点での物々交換が基本的な人類の経済活動である。

しかし、価値は場所や時間などの条件によって変動するので、人類は経済活動範囲を拡大して、物と物を空間と時間を超えて交換することで交易活動を行う。

そのために、経済活動を行うすべての人々が価値を認める代替物として、持ち運びが容易な貨幣が発明された。当初は希少な貝殻や石、金属を価値の明確な引換券として選び、その後、発行者の権威や信用を証書にした引換券を貨幣として用いるようになった。

このように証書を貨幣（引換券）とすることは、人類の経済活動にとってのパラダイムシフトといってよいほどの大転換であり、引換券の担保が権威や信用に限られた時代を超え、様々な価値を担保にするように進化した。

証書の形をとる貨幣の代表は法定通貨（紙幣）であり、法定通貨は各国の中央銀行によって発行される。

米国や日本、ヨーロッパなどの経済先進国は自国の国力を価値担保として通貨を発行する。自国への税金の支払いを自国の法定通貨とすることで、価値を明確化している。

一方、発展途上国では国力が安定しないので、自国の信用だけで発行しても十分に流通する保証はない。まして外国との貿易には全く使えない。したがって、かつての宗主国や他の先進国の通貨との交換を約束して発行することが多い。中国の元でさえ、ごく最近まで米ドルとペッグしていた。

これらの法定通貨にとって「クリプトキャッシュ」は、偽造や不正使用を防止できる新たな印刷技術であり鋳造技術である。その上、デジタルマネーとしても利用できるようになる。

現在、通貨は中央銀行のみならず金融機関や企業による信用創造によっても生み出されるので、法定通貨の位置づけは相対的に小さくなった。

通貨の発行はある一定の規則のもと、自治体にも民間にも開放されている。これらの新たな通貨に対しても、「クリプトキャッシュ」は新たな実体を与える。紙幣や硬貨やデジタルマネーと同様の発行が可能になる。

すでにいくつかの自治体では、「クリプトキャッシュ」による地域振興のための地域通貨発行が検討されている。地域通貨自体の価値が条件次第で変化するようにすれば、個人の経済行動を変化させることができるかもしれない。

例として、沖縄県などの離島観光振興のための地域通貨を考えるなら、沖縄本島では100の価値しか持たない地域通貨を離島では200の価値として使用できるようにすれば、離島観光を促すインセンティブとなる。

これまでは経済活動にそぐわないと無視されてきた価値が、そこかしこに存在する。主婦の家事や老人の散歩つきそいボランティア、名画を鑑賞する幸福感さえも価値として顕在化できるかもしれない。

実際、最近では、1日に等しく与えられた時間を価値として交換するアイデアが生まれている。

例えば、ある人が1時間で与えることのできるサービスを別の人が同じ1時間で提供できるサービスと交換する。クラリネットの演奏方法の教育1時間と折り紙の勘所を教える1時間を交換する、といった具合である。

「クリプトキャッシュ」はこうした細分化され多様化した経済価値の流通を支えるのである。すなわち、「クリプトキャッシュ」の普及によって、誰もが様々な価値を担保として貨幣を発行できる時代となると予測される。法定通貨とは別に、誰もが信用創造を行うことができる世界になるかもしれない。

すでに、仮想通貨の世界では、例えばビットコインにおいてはそのコミュニティ内において、予め定められたルールに従ったプログラム通りに運営することで、信用創造（マイニングに対する報酬としてのＢＴＣの発行）が行われている。

近未来においては、国家が発行する法定通貨が基本的な価値基準を提供することは変わらないとしても、「クリプトキャッシュ」を使って、多種多様なコミュニティや個人が、それぞれに異なる価値を共有し、これを担保として貨幣を発行する時代がやってくる。そして、それぞれのコミュニティの中で信用創造が行われるであろう。

新たな時代の経済学、貨幣学、資本主義が求められている。

新興国における資源を裏付けにした通貨の発行

「クリプトキャッシュ」の応用としては、まず中央銀行による利用が重要である。

インターネット時代にはマネーロンダリングや脱税などの手口がますます巧妙になっている。健全な経済運営、経済発展の基盤をつくるためには、「クリプトキャッシュ」を用いた通貨制度を整備することは極めて有意義なことだろう。

「クリプトキャッシュ」については現在、アフリカやアジアの新興国からの相談が増えている。

新興国はなかなか信用力のある法定通貨を発行できない。そのため従来は、かつての宗主国の信用を裏付けにするペッグ方式が一般的だった。しかし、「クリプトキャッシュ」を利用すると、自分たちの国の資産をもとに発行できる可能性がある。

例えば、豊富な埋蔵資源がある国がその資源を担保に「クリプトキャッシュ」を使って法定通貨を発行するのだ。その法定通貨がインターネット上の通貨交換取引所で流通するようになれば、ドルなどを調達しやすくなり、世界中で流通させることができるだろう。外貨準備に用いることも可能となる。

ただし、大企業や大国がそれを全部買い占めてしまうと、担保となっている埋蔵資源をすべてとられてしまいかねない。発行してすぐには流通させず、本当に必要な食料やエネルギーをつくる産業に投資することが重要である。

筆者がこうした新興国に推奨しているのは、太陽光を使った農業を担保にしたクリプトキャッシュの発行だ。

まず、資源を担保に発行した「クリプトキャッシュ」を使って、太陽光発電装置を搭載した管理型農業施設を建設する。太陽光によってつくり出される電気を使って、施設内の温度、風量、二酸化炭素量、湿度などを栽培する野菜に合わせてリアルタイムで調整し、最大収量を目指す。余った電気は周辺の工場や家庭で使用する。売電してもよい。

このようにしてつくり出された電気と農産物から安定的な収入を得られるので、今度はこれを担保にした「クリプトキャッシュ」を発行する。

電気も農産物も太陽の恵みである。太陽は無償でこれを行う。ゆえに、世界中の人々が基本的人権として最低限の生活を受ける権利があり、これを可能にするベーシックな生活を行うための水・食糧とエネルギーは無料で受け取れるべきと筆者は考えている。これを「ベーシック・ライフ」と呼び、世界中での実践を呼び掛けている。

いつの日か飢えで亡くなる人がいなくなり、戦争の理由が減っていくことを願う。

第7章

次々に広がる「クリプトキャッシュ」と関連技術の応用

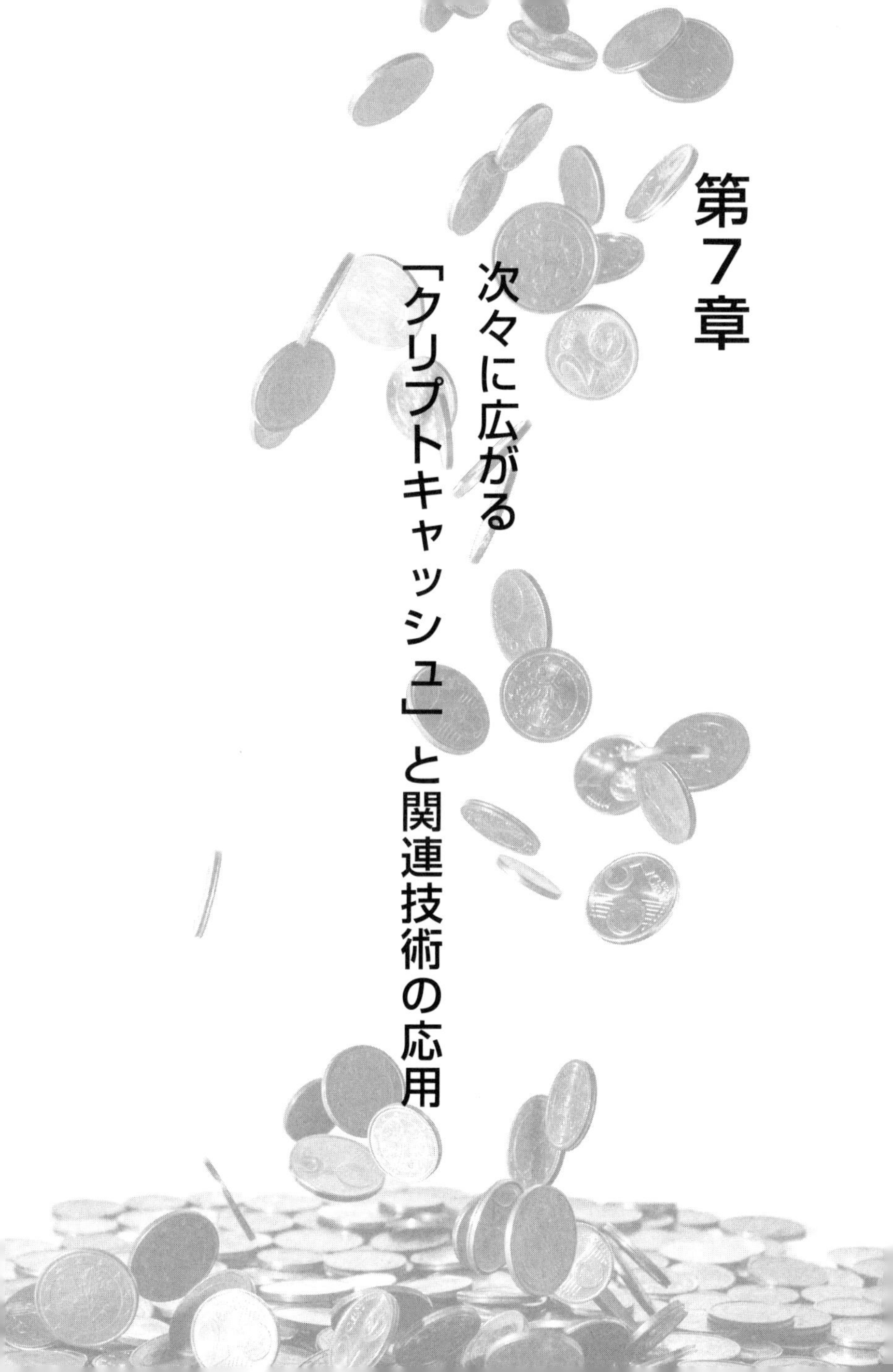

SIM銀行の出現

本書の冒頭で触れたように、従来の「暗号通貨」は「暗号資産」「暗号通貨（狭義）」「暗号証券」の3つに分類され、それぞれ別の法律や規制が適用されることになる（20ページ参照）。

暗号通貨については、前章で新興国の法定通貨の例を紹介したが、金融機関の間でも、「クリプトキャッシュ」を使った新たな金融サービスを誕生させるべく検討が進められている。

近年、銀行では店頭での接客方針を変更し、ATMやインターネットでもできる業務はできるだけそちらを使うよう顧客を誘導し、収益性の高いとされるそのほかの金融商品を案内するようになった。

さらに、店頭を重視しない、インターネットを主な営業の場とするインターネット銀行やATM網に依存するATM銀行が生まれた。

ところが、インターネット銀行は情報セキュリティを改善してきたものの、いまだ根本的な解決に至っておらず、とても安全な状態とはいえない。大きな被害が報告されていることは前に述べた通りだ。多少の被害があったとしても店頭のコスト削減効果に比べればまだ許容範囲のことだと推察するが、被害の一部が顧客のコストになりかねない現状を考え、筆者は決して利用しない。

一方、ＡＴＭもキャッシュレスの動きに押されて、店頭から徐々にその姿を消しつつあり、ＡＴＭ専業銀行においても収益性が悪化してきている。

最近は、ガラケーと呼ばれる音声通話中心の携帯電話が減って、若年層に限らずシニア層までスマートフォンを使う人が増えた。インターネット銀行もスマホの利用を視野に入れたサービスを行っており、新規事業として参入する企業も数多い。

これら新しい金融関係のテクノロジーを利用した動きを総称して「フィンテック」と呼ぶ。しかしながら、これらの新しいサービスも、情報セキュリティ対策は従来と変わらない。極めて危険な状態が続いているといってよい。

そこで、各スマホを完全に認証し、完全な安全を確保した上で各種金融サービスを行っていくという新しい動きが2つ、生まれてきた。

ひとつは、従来技術である公開鍵暗号基盤を利用して認証を行うというもので、前述の通り、情報セキュリティ的には決して十分ではない。

もうひとつは、スマートフォン等に搭載されるユーザー固有の専用チップであるSIMにクリプトキャッシュ技術を実装して、「遠隔非同時同期」を駆使して完全に認証するというものだ。

この完全認証を行った上で金融サービスを行う「SIM銀行」が検討されている。SIM銀行では「クリプトキャッシュ」を使うので、法定通貨を使用することはなく、預金や出金、送金や支払いなどの基本的な業務はスマホ内の専用アプリで安全に完了する。


日本におけるキャッシュレスの本命とされるプリペイド方式は、銀行口座を持たない外国人や若者への給与の支払方法として注目を浴びているが、前述の通り、現在のプリペイドは安全性に難があるので少額に制限されている。給与レベルの金額の収受は難しい。

そこで、プリペイドの上限金額を引き上げる方法はないものだろうか。

「クリプトキャッシュ」のシックスペイを利用すれば解決する。プリペイドサーバに10

0万円程度まで預けられるようにして、プリペイドカードを使う時は1回2万円や5万円までに制限するが、シックスペイを使う時は上限を設けない。

そうすれば、決済金額も上げられるし、何より専用カードリーダーが不要であり、場所を問わない。完全に安全が確保されるので、インターネットでも利用できる。

「クリプトキャッシュ」で暗号証券を実現する

米国では仮想通貨を発行して資金を集めるＩＣＯ（Initial Coin Offering）を事実上禁止して、ＳＴＯ（Security Token Offering）と呼ばれる「暗号証券」による資金調達へと舵を切ってきた。

ＳＴ（Security Token）は、有価証券をブロックチェーンなどの技術でデジタル化したもので、主に証券関連の法律によって規制される。有価証券である以上、一般の「暗号資産」と比較すると、より高いレベルのセキュリティが要求される。現在はブロックチェーンを何とか改良してＳＴを発行しているが、有価証券として要求されるセキュリティレベルには程遠い。

また、現在、有価証券の取引は1秒間に1000回を超えるとされており、高速の取引が必要である。

しかし、ブロックチェーンを使用したシステムでは、合意形成をほとんど行わない一方的な方法であっても1件当たり2秒かかるという。プレス発表では1秒間に100万回の取引が行えるとあったが、正確には1秒間ではゼロ回の取引であって、ようやく2秒間で200万回の取引が行えるとするのが正しい。

このように、セキュリティとスピードの観点からだけでも、ブロックチェーンを使った実用的なSTO及びSTの交換所の実現は難しいだろう。

「クリプトキャッシュ」を応用すれば、もともとセキュリティレベルが高いので、台帳を使わない高速な取引が可能である。

現在、筆者は米国の金融機関から「クリプトキャッシュ」を利用したシステムの設計を求められており、詳細を検討中である。

「クリプトキャッシュ」を仮想通貨救済に

これまで4000を超える仮想通貨（トークン）が発行されてきたといわれているが、多くのトークンは自身のブロックチェーンを持たず、他のブロックチェーンをプラットフォームとしてその上で発行されている。

約2割のトークンはビットコインのブロックチェーン上で発行されており「カウンターパーティートークン（Counterparty Token）」と呼ばれる。送金時にはビットコインのマイナーにBTCで手数料を支払い、BTCと同じように送金され、送金手数料や送金速度はBTCに依存する。代表的なトークンとしては、XCP、ZAIF、BitCrystals、PEPECASH、SJCXなどがある。

また、約8割のトークンはイーサリアム（ETH）のブロックチェーン上で発行されており「ERC－20トークン」などと呼ばれる。イーサリアムのブロックチェーンを利用するのでETHの送金手数料や送金速度に依存し、手数料はETHで支払い、ETHのマイナーによって送金される。代表的なトークンとしては、OmiseGO、TenXPAY、Storj、

図表25「サイファー・コア・プラットフォーム」のイメージ

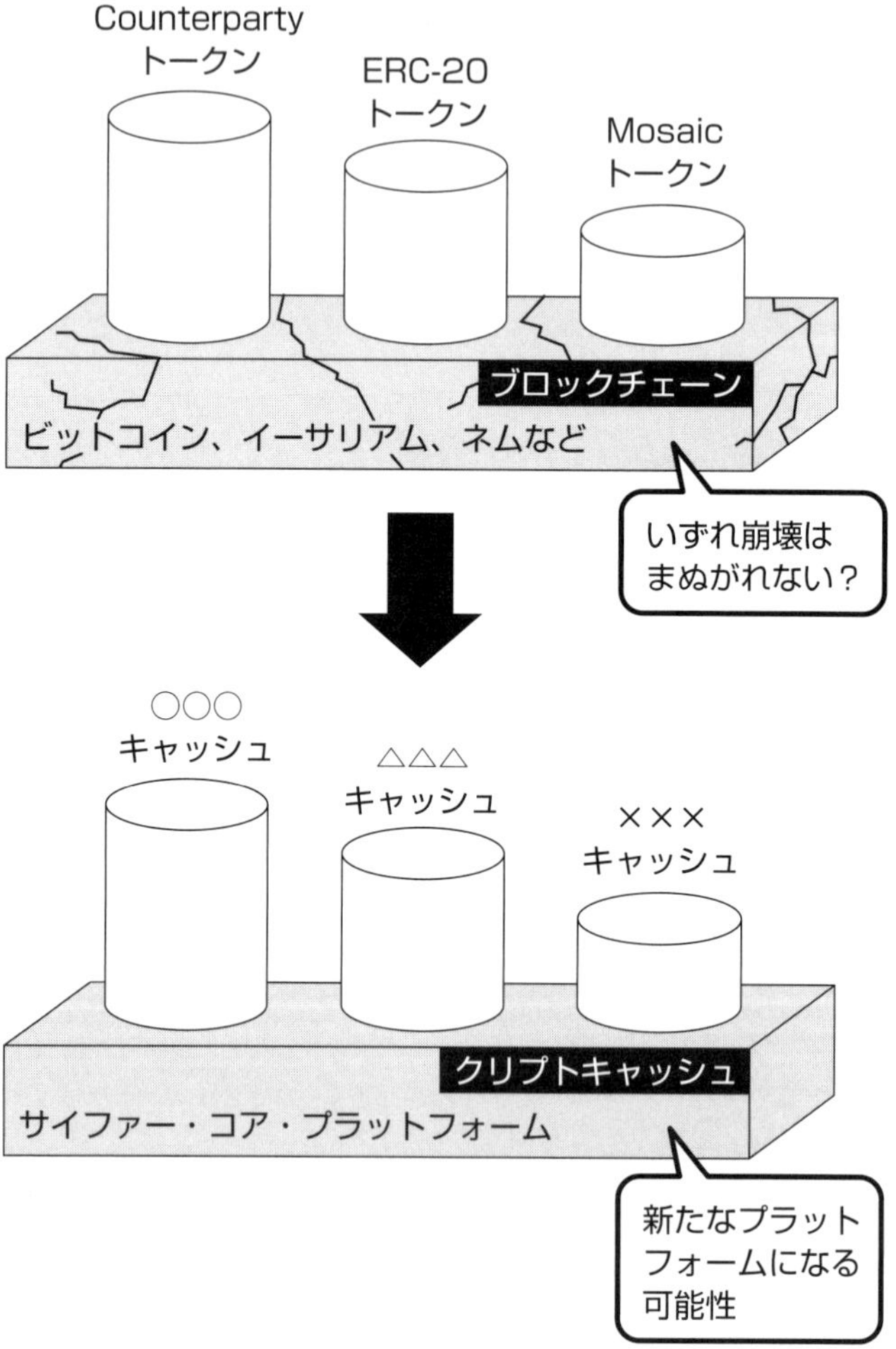

BinanceCoin、ＡＬＩＳ、ＱＡＳＨなどがある。

現在、マイニングで利益を得られなくなった比較的小さいブロックチェーンから順次マイニングが停止し始めている。イーサリアムとビットコインは最後まで残る最終的なブロックチェーンと考えられているが、これらも時間の問題だ。

そこでブロックチェーンがすべて止まってしまう前に、「クリプトキャッシュ」を使った仮想通貨のための**「サイファー・コア・プラットフォーム」**と名付けた新たなプラットフォームを構築し、移行させるプロジェクトが1年前より始動している。

このプラットフォームは、具体的には、イシューサーバ、コンファームサーバ、ウォレット、デポジットサーバ、エクスチェンジサーバから構成される。賛同される方々から支援を受け、２０１９年秋から限定的に稼働し、２０２０年初頭には通常稼働できる予定だ。

このプラットフォームに移行する暗号資産は「トークン」から「キャッシュ」に名称も変わる。現在賛同者に配布している「サイファー・コア・トークン」も「サイファー・コア・キャッシュ」に名前が変更される予定だ。

サイファー・コアのプラットフォームを利用するので他のキャッシュとの交換時は、サイファー・コア・キャッシュを通じてのみ交換される。

図表26 「クリプトキャッシュ」のウォレットからの支払方法

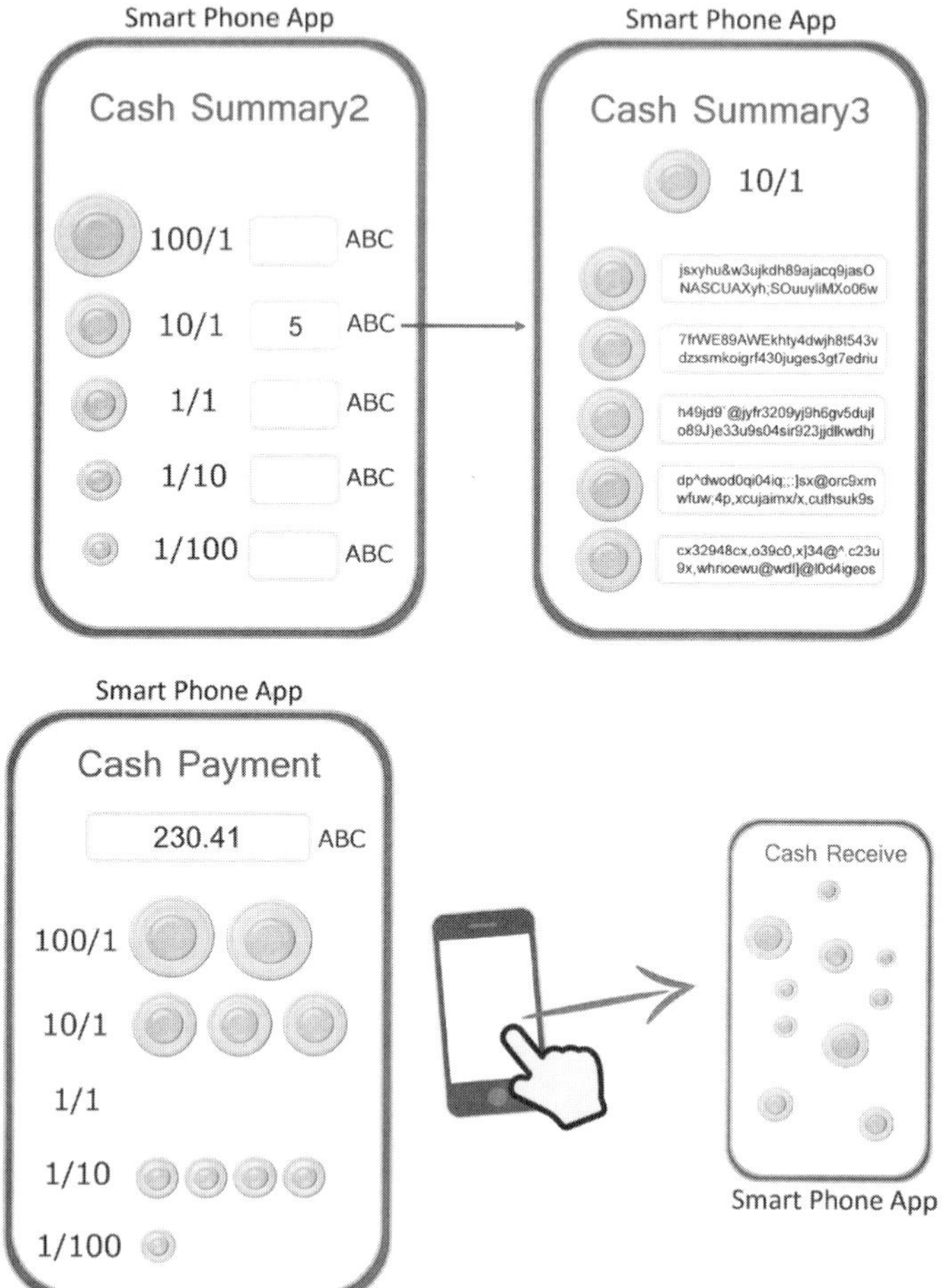

イシューサーバによって発行されたキャッシュは、ユーザーのウォレットに格納される。キャッシュは独自のクリプトキャッシュ記号を持つ。

ユーザーがウォレットから支払う際には、支払う金額を指定するとアプリが自動的にその金額に見合うキャッシュを選択し、支払い画面に表示する。例えば230・41単位を支払うなら、100単位を2つ、10単位を3つ、0・1単位を4つ、0・01単位を1つ、スマホの画面上で表示する。そして、スワイプすると相手のウォレットに飛んでいくのである。

支払いは、相手のウォレットに対してだけでなく、将来、標準装備される、感謝の気持ちを表す「Ｔｈａｎｋ Ｙｏｕボタン」を使えば、他の様々なアプリにも連動でき、感謝の気持ちと同時にチップとして投げ銭できるようになる。

投票用暗号資産を「クリプトキャッシュ」で実現

また、民間ではすでに、「クリプトキャッシュ」を使った複数の暗号資産が登場しようとしている。

ひとつは、現トランプ政権と米共和党の最大支持団体であるＡＣＵ（The American Conservative Union）と日本のＪＣＵ（The Japanese Conservative Union）が共同で設立したＡＰＣＵ（Asia Pacific Conservative Union）のファイナンス部門として設立されたリバティ・エコシステム（Liberty Ecosystem）社が発行する**「リバティエコトークン（Liberty Eco TOken）」**である。

「Liberty Eco TOken」は、今後設立される、ワールドワイドのコンサバティブ・メディア・プラットフォームを中心に、世界中のグラスルーツの保守活動、保守政治家の政策提言、そして、議会での投票行動への評価と支援を暗号資産を用いて行おうというものだ。

また、暗号資産を使用して、世界中の保守の活動を支援し、同時に、保守活動をバックアップする事業への直接投資も行う計画となっている。独自の暗号資産は支援者が保守政

図表27「Liberty Eco TOken」のマーク

LIBERTY

ニューヨークの自由の女神像が掲げるトーチと炎をモチーフにしたデザイン。フリーダムを象徴する。

治家の政治活動の格付けならびに支援のために用いられ、元米国造幣局長官など米共和党の重鎮も参加する重要プロジェクトである。

これまで政治に関する寄付は、政党かまたは政治家個人に対して行われてきた。有権者にとってはその政党が実施する政治行動全部を支持することは少ない。これは政治家個人についても同様で、その政治家が掲げる政治目標全部を支持できるとは限らない。「Liberty Eco TOken」は政策に直接投票する。政治イシューや法案に対する直接的な意思表明を可能とする世界で初めてのトークンである。将来的には政治家の選挙にも使われるだろう。

いまのところ投票は、「いいね！」ボタン

と同じように一人1票の記名式と、無記名による募金方式の機能を実装する予定である。記名式の場合一人1票で、何人の支持を受けたか具体的客観的に分かる。無記名式の場合、一人何トークンでも投票できるので、その集まったトークン数（金額）がそのイシューや法案に対する要望の強さを表すとされる。

APCUでは現在、ブロックチェーン系のトークンプラットフォームの一種であるERC-20を使って「Liberty Eco TOken」を発行している。今後、よりセキュリティレベルのしっかりしたプラットフォームとして「クリプトキャッシュ」が採用され、前述の「サイファー・コア・プラットフォーム」に段階的に移行する方向である。

巨大コミュニティのためのユーティリティキャッシュ

もうひとつ、「KARATE　Coin（仮称）」を紹介したい。

世界には1億人を超える空手愛好家が190カ国以上にいるといわれている。特にヨーロッパ、アフリカ、中東、アジア、中南米諸国では大変な人気だ。

ところが世界的にみると十分に組織化されているとはいいがたく、特に会費の徴収は大きな問題となっている。なぜなら、空手愛好家の多くが居住する発展途上国では銀行口座を持たない人は珍しくなく、ほとんどの人はクレジットカードも持たない。多くの島々からなる国ではＡＴＭさえ存在しない地域を抱え、現金経済も十分ではないといわれる。

そのような空手の世界に、世界共通の会費徴収手段として白羽の矢が立ったのが、ペイパルであった。著名起業家のイーロン・マスクや、ベンチャーキャピタリストのピーター・ティール等が興したインターネット上での少額決済手段である。途上国でも携帯電話の普及率は高くペイパルの利用を可能にしている。

ところが、ペイパルの手数料は20％近くもし、貧しい人々から集められたお金を有効に使えない状態だった。

そこで考え出されたのが「KARATE Coin」である。

「KARATE Coin」は、沖縄にその源流を持つ「ＮＰＯ法人 世界硬式空手道連盟」という国際的な空手団体が他の空手団体と協力して、指導料や協会費の支払いに用いることを目的として発行される。

指導料や協会費の支払いを「KARATE Coin」で行えば手数料が少ないだけでなく、各国の為替リスクを抑えることができる。いつも同じ数量の「KARATE Coin」が支払われることになるのだ。

これは、国境を超えたグローバルなコミュニティでの使用を基本としているからである。投機の対象として乱高下を繰り返すビットコインやイーサリアムとは大きく異なる点だ。なお、発行直後には、エストニアで上場予定である。もし、上場すると他のキャッシュや法定通貨とも交換でき、「KARATE Coin」を保有する空手愛好家にとっては財産となるかもしれない。

インターネットの第2ステージでは何が起こるのか?

ここまで「クリプトキャッシュ」の現在の応用例を見てきたが、「クリプトキャッシュ」を備えたインターネットは、いよいよ価値を交換しシェアする基本的なプラットフォームにバージョンアップする。インターネットの「第2ステージ」である。

インターネットはその「第1ステージ」において、世界中で情報を共有する「インフォメーション・シェア・プラットフォーム」として発展してきた。

初期にはヤフーに代表されるポータルサイトを生み、中期には検索エンジンを中心とするグーグルが登場し、そして現在、フェイスブックやインスタグラム、ラインなどのソーシャル・ネットワーキング・サービス（SNS）が全盛を極めている。

これに対して「第2ステージ」でインターネットは、「バリュー・シェア・プラットフォーム」に姿を変える。小さなコミュニティや個人どうしがそれぞれ独自の価値を見つけ、価値を創り、価値を共有する基盤となるのである。

それを可能にするのが暗号貨幣「クリプトキャッシュ」であり、「クリプトキャッシュ」の関連技術なのだ。

例えば、インターネットの第1ステージでは、「いいねボタン」が個人と個人をつなぐのに大活躍した。人間が本来持っている承認欲求を満たしてくれるもので、ソーシャルネットワーキングに無くてはならないものとなっている。

第2ステージでは一歩進んで、相手への〝感謝〟という価値を暗号資産のプレゼントによって表現する「ThankYouボタン」が当たり前になって行くのではないか。相手への〝共感〟という価値を同じように暗号資産のプレゼントによって表現する「HappyボタンTM」もよいと思う。

あるいは、インターネットの第1ステージでは、空いた時間に空いた車で第三者の送迎を行うウーバー（Uber）が世界中で人気である。空いた部屋をシェアするエアービーアンドビーなどの民泊サービスも既存の宿泊業を脅かす存在となっている。いまや、赤ちゃん用品、運動道具、洋服、アクセサリー、貴金属までシェアする時代だ。

インターネットの第2ステージでは、これがもっと簡単になる。

例えば、レンタカーにおいて、「スマートキャッシュ」（184ページ参照）を鍵として使ったらどうだろう。24時間分の「スマートキャッシュ」をネットで購入し、車の乗降時にはこの「スマートキャッシュ」を鍵として用いる。エンジンの始動も「スマートキャッシュ」を用いる。ただし、この鍵が有効なのは支払い済みの24時間だけだ。24時間を過ぎてエンジンを切るとドアは開かなくなる。車の外に出たければ、超過料金を支払わなければならない。

民泊サービスでも同じである。「スマートキャッシュ」を部屋の鍵とすれば、受け渡しの面倒がなくなり、時間超過した時は鍵が開かなくなり確実に超過料金を回収できる。鍵の不正複製の問題もない。

あなたは、このインターネットの第2ステージでどんな夢を実現するのか。筆者も一緒に考え、つくり上げていきたいと思う。

最終章

いつの時代も新しい技術が未来を変える!

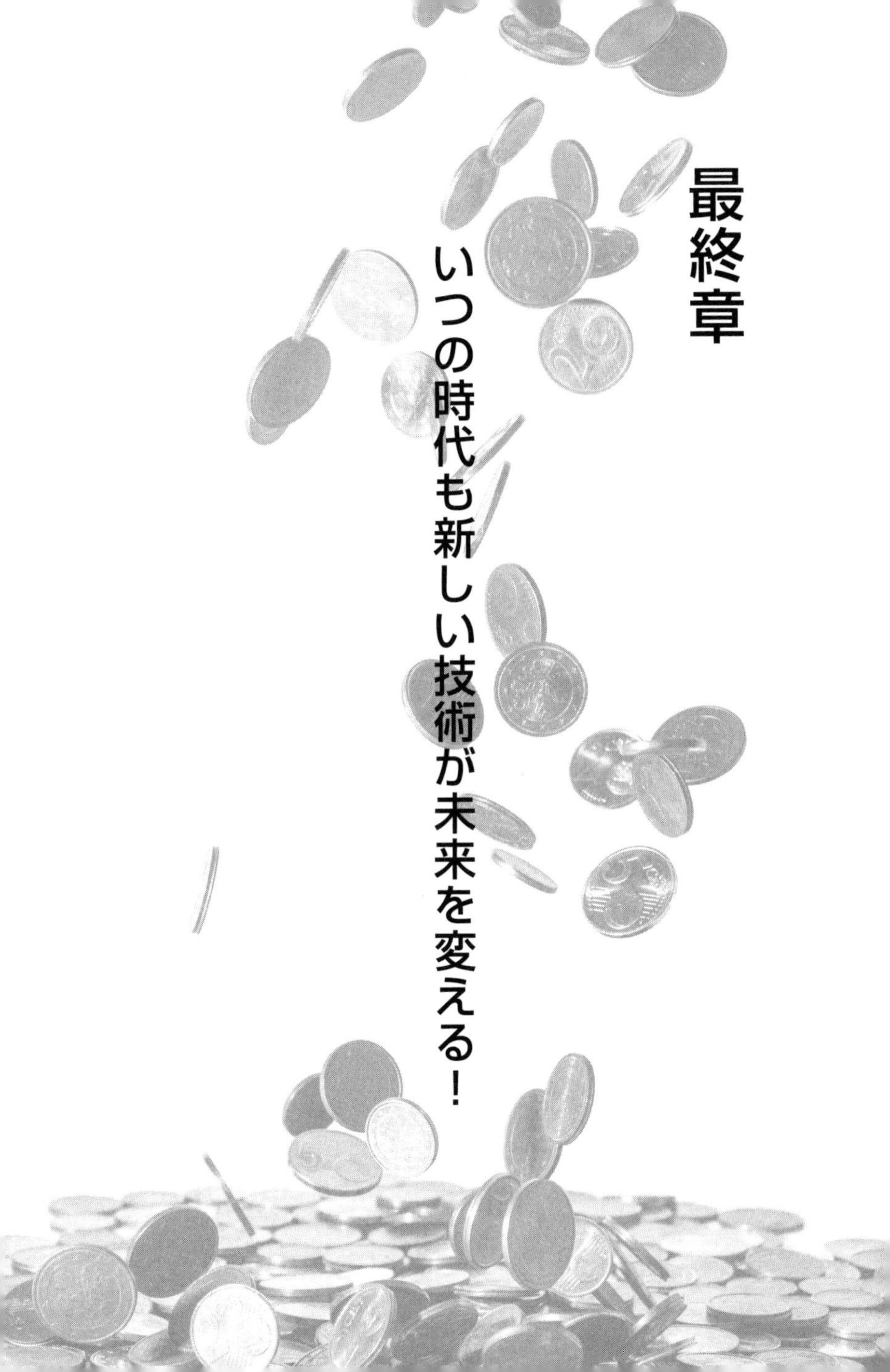

「IoT」と「5G」の時代にこそ不可欠な「コンプリート・サイファー」

「クリプトキャッシュ」のベースとなる完全暗号「コンプリート・サイファー」は、これからの時代において新しい社会のプラットフォームを支える基本技術として様々な分野へ広がる可能性がある。

特に注目されるのが、IoT（Internet of Things、モノのインターネット）との関係だ。

ＩｏＴは様々な装置や機器がインターネットに接続し、またインターネットを通してモノ同士がつながり、相互に作用し合う次世代のネットワークだ。

ＰＣで1桁億台（数億台）、スマートフォンなどモバイル機器で2桁億台（数十億台）がインターネット接続されているといわれるが、ＩｏＴは２０２０年時点でその上の3桁億台（数百億台）に到達するといわれており、経済や社会に与えるインパクトも桁違いに大きい。

また、ＩｏＴの実現に大きく関わるのが米中経済摩擦でも注目されている次世代の高速無線通信網「5G」だ。日本では２０２０年に開催される東京オリンピックに合わせ、商用化される予定である。

これまでの無線通信は、アナログ方式の１Ｇ（第1世代）、デジタル方式の２Ｇ（第2世代）を経て、最大通信速度が最大１１０Ｍｂｐｓ（メガビット／秒）の３Ｇ（第3世代）、そして最大1Ｇｂｐｓ（ギガビット／秒）の４Ｇ（第4世代）へと進んできた。

それが５Ｇ（第5世代）になると、10Ｇｂｐｓ以上の超高速通信が可能になり、また２０１０年のトラフィック量に比べて約１０００倍の大容量化が可能になる。

通信速度が向上し、大容量のデータ通信が可能になれば、これまで有線やオフラインで行っていたシステムや装置の管理を無線ネットワーク経由で行える。自動運転における自動車の制御や、工作機器などの遠隔操作、遠隔での手術や医療行為も可能になるだろう。

こうしたＩｏＴと５Ｇの実用化は一方で、ハッキングなどのリスクを飛躍的に高める。これまでにない、想定もしていなかったような被害が起きる可能性もあるだろう。

通信セキュリティの安全性がますます重要になり、「コンプリート・サイファー」がそうした問題を解決する基盤技術となる。

「スマートグリッド」の脆弱性

ＩｏＴの代表例が「**スマートグリッド**」である。

かつて、電気エネルギーは水力発電所や火力発電所のような発電する場所と、工場や街などの電力消費地が遠く離れており、大発電所から消費地まで一方向の電力網によって供給されていた。

これに対して近年、太陽光発電など分散立地型の再生可能エネルギーの導入が進み、さらにＩＣＴ技術（情報通信技術）を用いて、地域全体でエネルギーが余っているところから足りないところへ送電するよう自動的に制御することで、時間的にも地理的にも過不足をなくす試みが行われている。

これが「スマートグリッド」である。

スマートグリッドの整備により、スマートコミュニティと呼ばれる街全体（地域全体）

のエネルギーマネジメントや、より小規模にはスマートホームと呼ばれる家の中のエネルギーマネジメントなどが実現すると期待されており、世界中で様々な実証実験が行われている。

ただ、懸念もある。米国では、サイバー攻撃が物理的な部品を破壊できるかを確かめるために、アイダホにあるＩＮＬ（Idaho National Laboratory）という研究所によって、２００７年3月に〝Aurora Generator Test〟と呼ばれる実験が行われた。

27トンもある巨大なディーゼル発電機を実験用に設置し、遠隔操作で停電と通電を繰り返し、発電機にどのような影響が生じるかを確かめようとしたのである。その結果、たった数度の停電と通電の繰り返しで発電機は大きく振動し、異常な煙を吐き出し動かなくなった。実験のため攻撃は一定のサイクルで行われたが、実際の攻撃ではもっと効果的に短時間で破壊することができたと考えられている。

このように、「スマートグリッド」にはセキュリティに対する深刻な懸念があり、現在のところ人間の検針員に代わって電力メーターが電力会社と通信し、電力使用量を申告す

図表28 「スマートグリッド」のイメージ

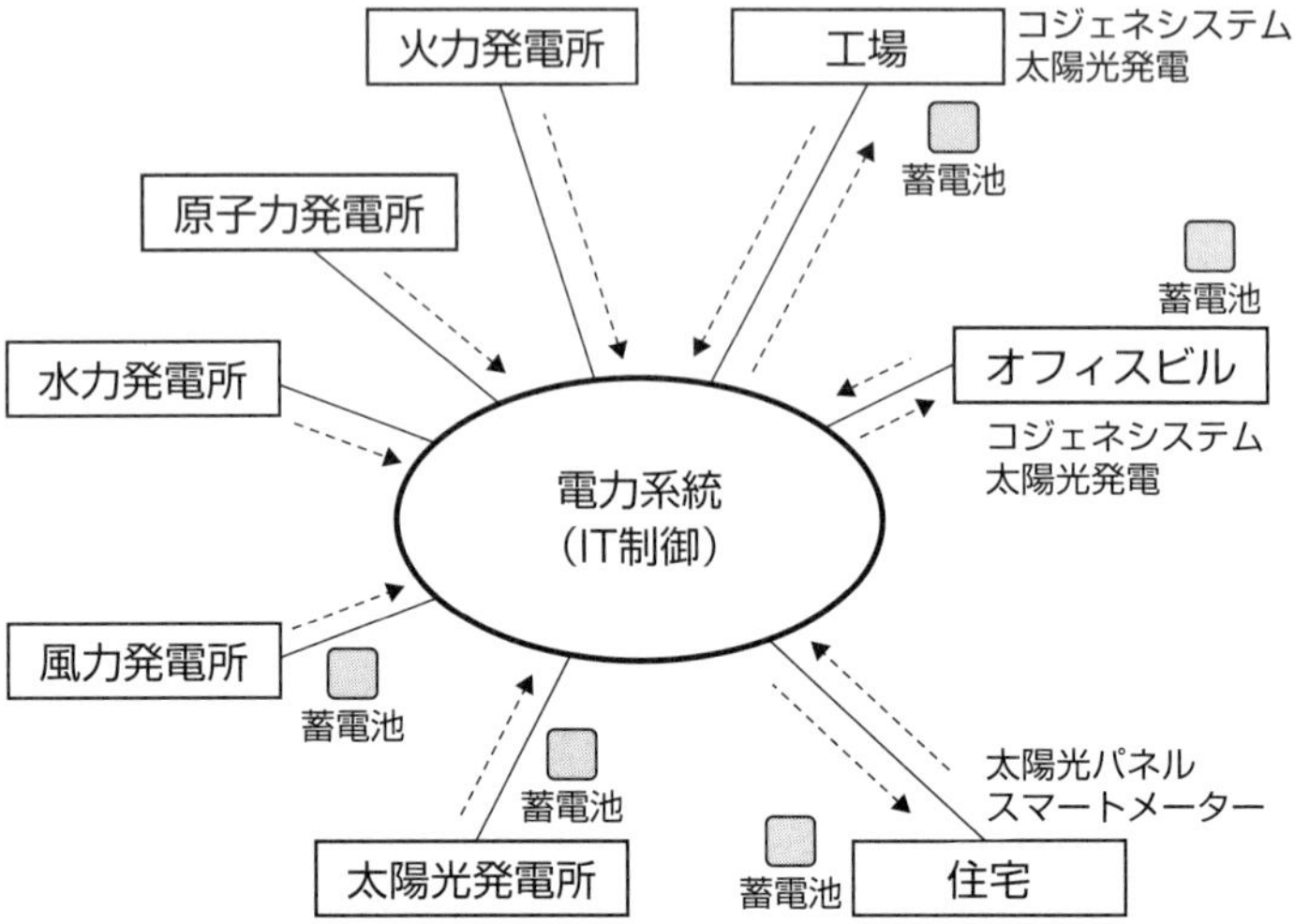

(出所)経済産業省資料

電力の供給地点が複数に分散し、必要に応じて相互に電力を供給できる電力網の仕組み。

るスマートメーターの各家庭への設置にとどまっている。

ＩｏＴのセキュリティにおける最大の問題点とは？

ＩｏＴと５Ｇの時代になれば、専用のチップを様々な物体（モノ）に埋め込み、互いに通信することによって、場合によっては人間さえも介さない、モノのインターネットを実現する。

自動車の自動運転やスマートグリッドのほかにも、自動車の位置情報をリアルタイムに集約して渋滞情報を配信するシステムや、バスや電車のリアルタイムの運行状況を知ることができるシステムなどがある。

また、医療分野では、着用型ウェアラブルデバイスによって自分の健康状態を記録・管理し、医師とも共有し、病気の予防と効率的な治療に利用することが考えられている。農業分野でも、水や肥料の量や与えるタイミング、作物の成長の監視などに利用される。

しかし、ＩｏＴのもたらす夢について語られれば語られるほど、筆者はセキュリティについての議論が置き去りにされていることについて不安を覚える。

ＩｏＴのセキュリティにおける最大の問題点は、ＩｏＴにとって最重要といえる**認証機能そのものが不完全であることだ**。

いくら専用のＩｏＴチップをモノに埋め込んでも、そのモノを確実に認証することが必ずしもできない。つまり、モノとモノの通信が、相手を確認できないままに行われる可能性を排除できないため、情報の発信が正当な権利者によって行われているのか、はたまた正当な権利者になりすました第三者によって行われているのか判別ができないのである。

ここでも再び、**中間者攻撃（ＭＩＴＭＡ・man-in-the-middle-attack）**の脅威が現れる。中間者攻撃というネットワーク最大の問題が解決できなければ、第三者によるなりすましや通信の乗っ取りの脅威は防ぐことができない。

分かりやすい例を挙げると、昔は会社のビルに従業員が入る時、警備員による本人確認が行われていた。顔写真入りの社員証を見せることで、社員証が真正であり、かつ社員証の顔写真と本人の顔が一致することを認証していた。

しかし、最近は朝の混雑を避けるため、ＩＣチップの載った社員証を入館改札機にかざすだけで入館できるようになっているところが多い。

この場合、社員証の真正性は確認するが、所持している人の認証は行わない。その結果、社員証を拾った人は誰でも入館できる。社員証自体は偽造不可能なものをつくったとしても、それを所持している人物が果たして正当な所持者であるか否かはシステム上では判断できない。

ネットワークにおいても、原理的に本人確認が直接できなければ、第三者によるなりすましや通信の乗っ取りなどの脅威（中間者攻撃）を避けることはできない。

ＭＩＴＭＡによる被害を少しでも減らすため、最近ではＩＤとパスワードに加えて、ワンタイムパスワードを用いる2要素認証や、さらにバイオメトリクスを加えた3要素認証が推奨されており、インターネットバンキングの認証でも2要素認証が当たり前の時代になってきた。しかし、中間者攻撃に対しては全く無力である。

因みに、バイオメトリクスが有効なのは本人が認証者の面前にいる時だけで、バイオメトリクス情報をネットワークを介して送信したとしても、認証の完全性は保証されない。

自動車のスマートキー被害

自動車のスマートキーはＩｏＴ応用の一応の成功例といえるが、スマートキーの脆弱性は未解決のままだ。

スマートキーが出始めた頃、固定のＩＤを暗号化したものが鍵に内蔵されており、この暗号化されたＩＤ情報を車載の認証機器に送信して復号化し、正しいＩＤかどうか判定していた。

しかし、暗号化されたＩＤをそのまま盗んで保存し、空のスマートキーに入れればすぐに偽造キーがつくれるので、盗難は減らなかった。

そこで、ＩＤ番号を可変に変更してかなり改善されたのだが、スマートキーの容量に制限があり一定数のＩＤを使い回ししたことで、暗号の脆弱性が残ってしまった。

それでは、暗号の脆弱性を改善すれば盗難はなくなるのだろうか。

実は、仮に暗号が完全であったとしても、いとも簡単に中間者攻撃によって多くの車が盗まれているのである。有名なのが「信号増幅攻撃（amplification attack）」であり、全ドイツ自動車連盟（ＡＤＡＣ）による実験が報告されている。

スマートキーシステムでは、外部からの信号に対して内臓のＩＤ情報を応答することによって認証する。スマートキーをポケットに入れてエンジンをかける場合には、車のスタートボタンを押すことで、車がスマートキーにＩＤ情報を問い合わせ、スマートキーからの応答信号を車側の認証装置が真正と認定してエンジンがかかる。

会社の駐車場に車を停めて、スマートキーを持って会社の会議室で会議を行っている場合を想定してみよう。スマートキーが車の近くにないので、真正なドライバーがいないと判断されエンジンはかからないはずである。ところが、車からの問い合わせ信号を増幅し、会議室のスマートキーに伝え、今度はスマートキーからの応答信号を増幅して車に伝えることでいとも簡単にエンジンはかかってしまう。スマートキーのＩＤ情報が完璧に暗号化されていようと全く関係ない。

さらに最近では、スマートキーに対する極めてシンプルな中間者攻撃が報告されている。

スマートキーは、①ドアの開錠、②エンジン始動、③ドアの施錠に使用されるが、もし、①で乗車し、②でエンジンを始動し、運転後、車を止めて車外に出た後、③の施錠を行う際、犯罪者がスマートキーからの応答信号を妨害電波で妨害すると同時に、応答信号を盗み、ドライバーが施錠されたと勘違いするよう施錠音を鳴らす。すると、ドライバーが立ち去った後、犯罪者はゆうゆうと盗んだ応答信号を使ってエンジンを始動し、持ち去ることができるのである。

この場合の暗号化されたデータは、ビルに入館する際に用いられている社員証にあたる。暗号化の技術をどれだけ解読不可能なほど高度化しても、生成されたデータを中間者に盗まれた場合には、落とした社員証を悪用される場合と同様に、中間者（攻撃者）を防ぐことはできない。

真のＩｏＴ（スマートＩｏＴ）のためには、完全な暗号技術が必要で、特に暗号鍵の配送問題を内包しない技術で実装しなければならない。「遠隔非同時同期」こそがその鍵を握る。

「クリプトプルーフ・インフラストラクチャー」が拓く新たな社会

ＩｏＴや５Ｇは社会の利便性や生産性を向上させるだろう。しかし、同時にリスクをこれまで以上に高めることは間違いない。

その悪影響を最小限に抑えるには、インターネットを中心とした情報通信における安全性の確保がいままで以上に重要になる。

筆者が開発した暗号貨幣「クリプトキャッシュ」、そしてそのベースとなる完全暗号「コンプリート・サイファー」などの関連技術は、単に金融の世界を変えるだけではない。

筆者が夢見るのは、完全暗号を用いた社会システムである。これを「**クリプトプルーフ・インストラクチャー**」と名付けている。

具体的な応用は今後の研究に俟《ま》たなければならないが、基本形として契約関係における次の３つのパターンを考えている。

まず、当事者間の関係だ。

当事者がそれぞれの暗号鍵で契約や取引の情報を暗号化し、保管する。一部の当事者だけでは復号化できず、改竄もできない。これにより当事者間での紛争を未然に防ぎ、関係を安定させることができる。

図表29 当事者間における「クリプトプルーフ」

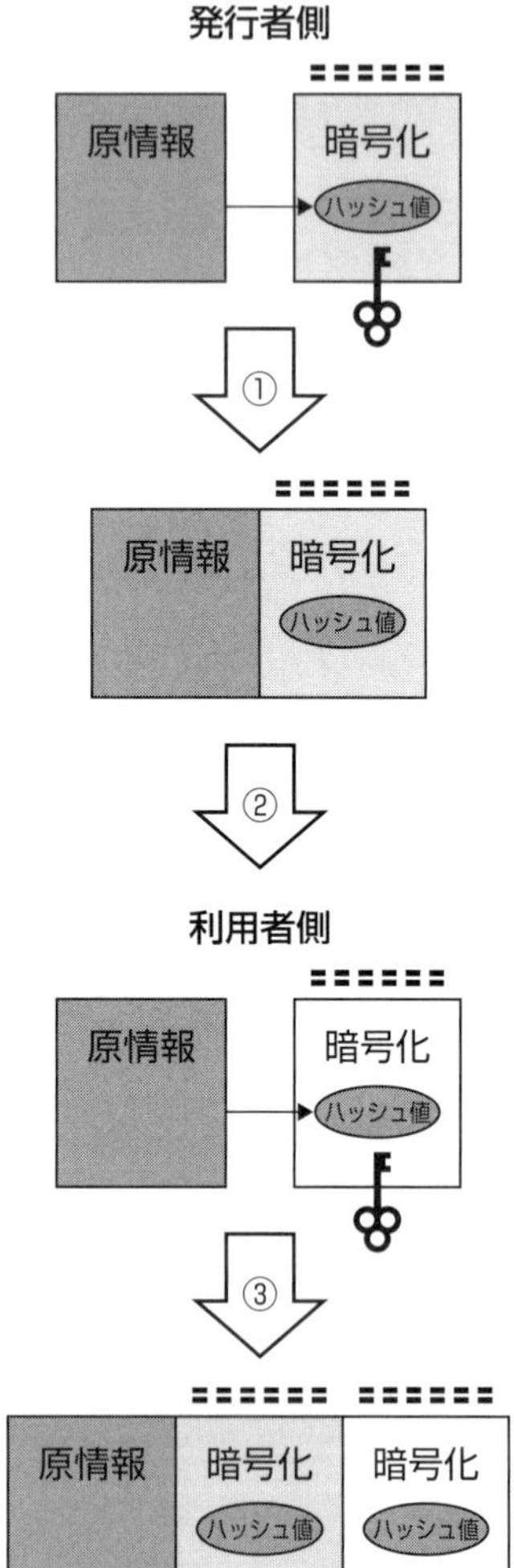

次に、第三者を加えた関係だ。

当事者が結託して契約内容などを偽造したり書き換えたりするのを防止するために、暗号化した情報をネット上へ拡散（「**クリプトキャスト**」）する。あるいは、公証人など公的機関の暗号鍵を加えたりする方法も考えられる。

そして、不特定多数の関係だ。

これには、取引内容などの情報を台帳（「**クリプトチェーン**」）化する。ブロックチェーンほどデータ量が重くならない上に、セキュリティの強度が高い。

例えば、土地台帳を暗号化して地図上にプロットすることなどが簡単にできる。その場合、国が暗号化したデータを各所有者がさらに自分の鍵で暗号化するといった運用法が考えられる。

図表30 土地台帳における「クリプトプルーフ」

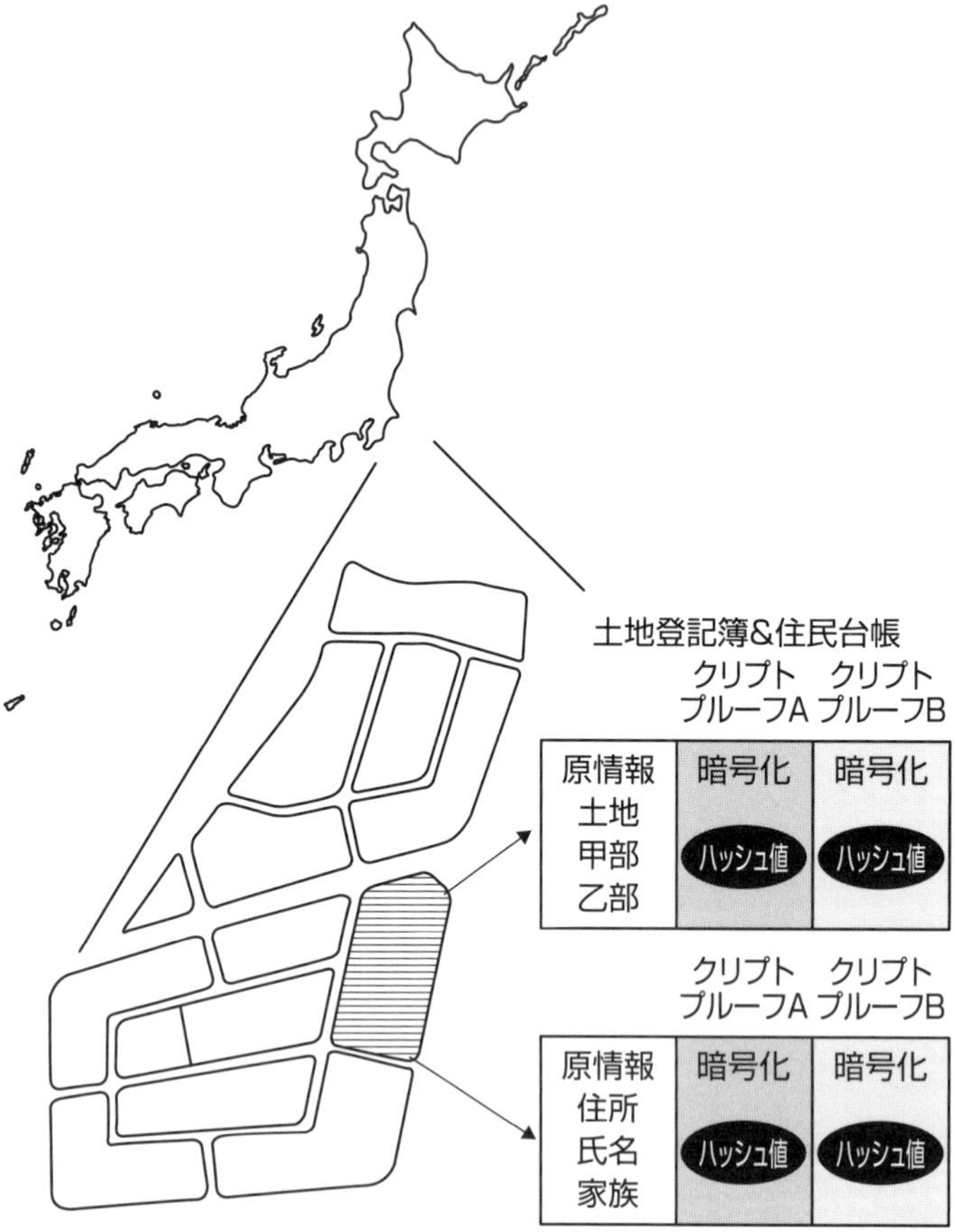

極めてコンパクトな台帳を可能にする「クリプトチェーン」

「クリプトチェーン」についてもう少し説明しておきたい。

いまだにブロックチェーンによって新しい社会がつくり出されるとする専門家が多いが、同じような未来図を実現するのにブロックチェーンほど無駄が多く複雑なシステムは必要ではない。

ブロックチェーンを社会システムに利用することについて、肯定的な論者がよく挙げるのが透明性だ。多くの参加者がデータを相互に確認し合うので透明性が高く、信頼できるというのである。

しかし、取引内容など暗号化せずブロックチェーンに書き込めば、誰でも見ることができる。公開前提の公文書ならいざ知らず、私的な取引内容を公開したいと考える人がいるのだろうか。

逆に、公開鍵を用いて取引内容を書き込むとすれば、公開鍵が誰のものかは通常は分からない。暗号化された取引内容は公開鍵とペアになった秘密鍵を持つ人物にしか分からず、それが透明性につながるのだろうか。

ブロックチェーンの特長として後からの書き換えが困難という点も、複数の51％攻撃が報告されたいまとなっては、説得力があるとは思えない。

そもそも、ブロックチェーンは全ての取引内容のデータを保持する。そのため必然的に、巨大化しやすい。ブロックチェーンを使った仮想通貨（暗号資産）でも、イーサリアムはスマートコントラクトの書き込みを認めたため、ブロックのサイズがビットコインを追い越しそうな勢いである。

さらにブロックチェーンでは、基本的に取引の一つ一つが台帳に記録されて初めて有効となるために、すべての過去の取引を調べることでしか現在の状況を証することができない。これが台帳方式のもうひとつの問題だ。

もし、ある時点で取引が確定しており、取引情報の一つ一つが関係者全員の暗号鍵で暗号化され改竄不可能ならば、それら一つ一つの取引情報を関係者だけで互いに複製し、保存しておけば、関係者全員が揃わない限り改竄は不可能になる。この時点ですでに関係者間のコンセンサスはとれている。

もちろん、補助的に取引情報をまとめて記録するために、ハッシュチェーンを使って記

図表31 「チェーンド・レッジャー」と「オープン・レッジャー」のイメージ

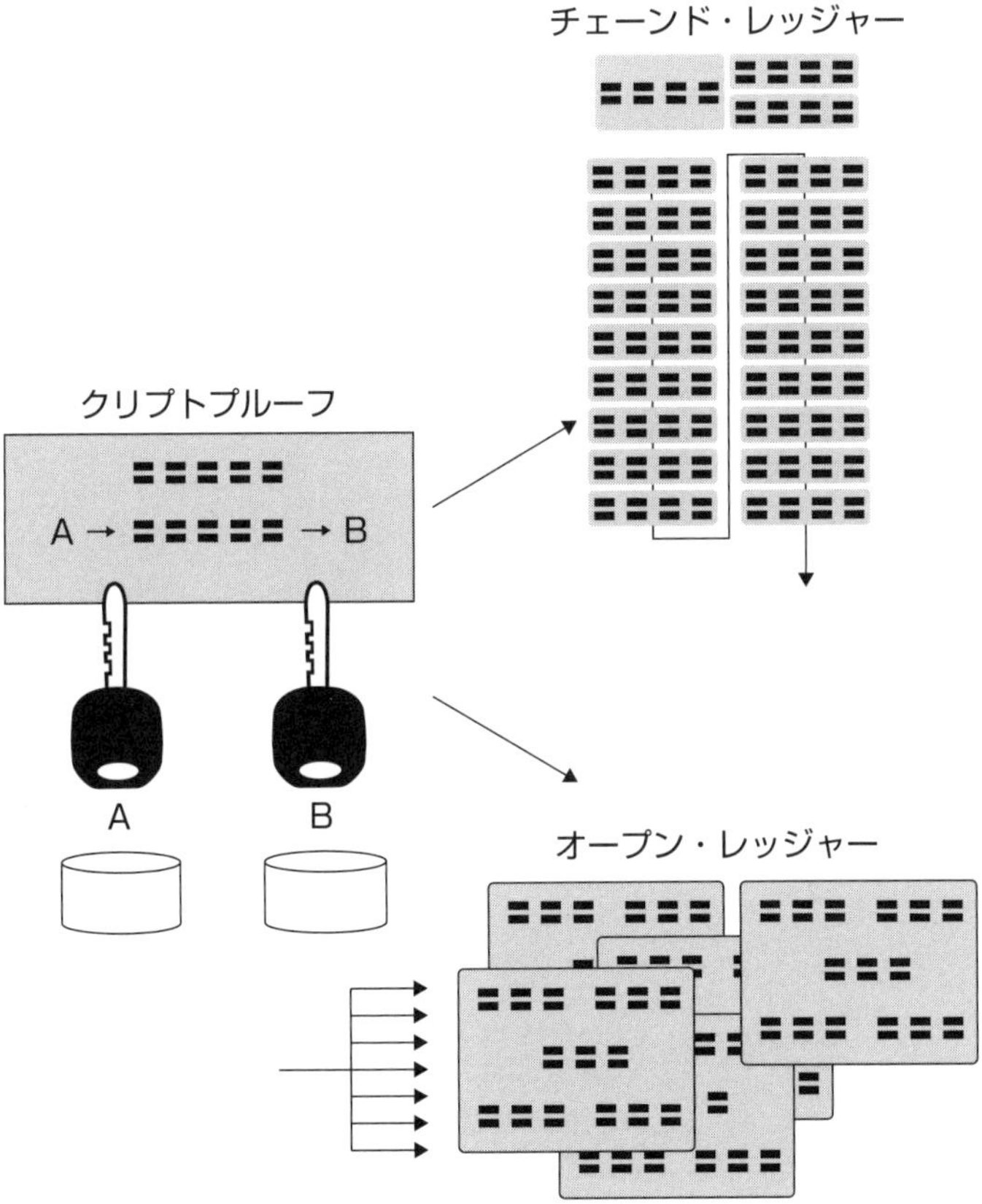

録してもよい。それが「クリプトチェーン」であり、その台帳を「チェーンド・レッジャー（Chained Ledger）」と呼ぶ。

もし、関係者全員が結託して一つ一つの取引情報を改竄する恐れを回避したい場合は、一つ一つの取引情報をインターネットにブロードキャスティングすれば十分である。これを「オープン・レッジャー（Open Ledger）」と呼ぶ。

このように、「クリプトチェーン」を用いれば改竄を防止するために、ブロックチェーンのような同一多数複製台帳は必要ない。極めてコンパクトな台帳で十分である。

その結果、ブロックチェーンの内在する問題を考慮する必要はなく、ブロックチェーンを用いることで実現されると信じられている未来が、ブロックチェーンなしに完全に実現できるのである。

「クリプトプルーフ・インフラストラクチャー」による社会問題の解決

完全暗号「コンプリート・サイファー」をベースとした「クリプトプルーフ・インフラ

ストラクチャー」が社会に与える影響は、想像以上に広範囲に及ぶだろう。いままで対応が難しかった社会問題の解決にも貢献するはずだ。

例えば、通信が完全に秘匿されることで、ネット上に安全にデータを保存することができる。安心してすべての情報処理が、ネット上で行えるようになる。

VR（仮想現実）技術と組み合わせれば、仮想オフィスが出現する。PCやタブレット端末、スマホなどから自由に自身のオフィスにアクセスし、いつでも同じデータ管理システムとアプリケーションを使い、同じ環境で仕事ができる。

これはいま話題の「働き方改革」を、強力に後押しすることになるだろう。

あるいは、セキュアなクラウド上で専門家が一定の情報を共有することで、新たなインテリジェンスが誕生する。

医療を考えると分かりやすい。医療の現場ではまだまだ専門家の知識と判断が重要であり、人工知能は画像解析などごく一部の分野において、医師の意思決定をサポートするに過ぎない。それより、同じ診療科の多くの医師がクラウド上で、患者の個人情報は遮断しつつ、診断や処方についての情報を共有し分析できれば、非常に有用であろう。

筆者はこれを「メディカル・クラウドインテリジェンス」と名付けており、他の専門分野でも同じように有用なはずだ。


さらにもうひとつ、筆者が注目している社会問題が「空き家」である。

わが国では少子高齢化が進むにつれ、所有者が亡くなった後の空き家が急増している。それと同時に、持ち家があるにもかかわらず、公的年金だけでは生活に困る高齢者も増加している。

こうした問題をうまく解決する方法はないものだろうか。

すでにローンを払い終えた持ち家がある場合、リバースモーゲージ（自宅を担保にした融資の一種）を利用して日々の生活の足しにすることができる。しかし、日本の不動産市場では建物の資産価値が適正に評価されない風潮があり、またリバースモーゲージについて十分な知識を持っている人も少なく、広く利用されているとはいいがたい。海外では自身の生命保険を担保に借入れする方法もあるそうだが、日本人には敷居が高いであろう。

そこで検討したいのが、特定のコミュニティやエリアにおいて、「クリプトキャッシュ」

を使った高齢者の住居の流動化と地域活性化を同時に目指すことである。

まず、自治体または自治体と協力関係にある団体や企業が事業主体となり、コミュニティやエリア内にある高齢者の持ち家の取得を目的として「クリプトキャッシュ」を発行する。高齢者の持ち家の権利と引き換えに渡す「クリプトキャッシュ」の額は、持ち家の現在価値をベースに、その後の居住可能年数や地域活性化による利益の見込みなどを踏まえ、「スマートコントラクト」によって柔軟に決める。

一方、持ち家を譲り渡した人は、「クリプトキャッシュ」を使ってデイサービスや介護などの公的サービスを受けたり、老人施設の購入、入居費用に充てたりできる。しかし、それだけでなく、近所の人がボランティアでサポートしてくれた時に「ありがとう」の言葉とともに渡したり、何か頼み事をする時に使ってもよい。

リバースモーゲージとの大きな違いは、持ち家（不動産）を流動化（換金）するだけでなく、「クリプトキャッシュ」を使ってコミュニティやエリアにおける様々な価値、特にこれまで埋もれていたような価値を顕在化させ、その流通を促し、地域活性化につなげていくことである。

事業主体はもちろん、取得した不動産を用いて再開発したり、リノベーションを行って再利用したりする。発行した「クリプトキャッシュ」に見合う収益を上げる必要がある。しかし、「老後2000万円」騒動ではないが、老後の安心は金（かね）だけで買えるわけではない。人と人とのつながりこそセイフティネットの基本であり、地域の活性化がそのベースとなる。

「空き家」という社会問題の解決を、コミュニティやエリアにおける価値創造の起点とできれば素晴らしいと思う。

多様な価値の交換が可能にする新しい社会

「クリプトプルーフ・インフラストラクチャー」は、新しい価値共有経済、価値共有社会の扉を開く。

これまでの経済、社会において流通する「価値」は、貨幣や通貨に換算される経済的な価値に限定されてきたといえるだろう。会社に勤めて得る給料、株式投資で得られる配当や値上がり益、不動産投資で得る家賃収入などだ。

しかし、人間社会における「価値」はもっと多様で幅広いはずだ。

その可能性はすでに、インターネットの第1ステージでも見え始めている。ＳＮＳにおける「いいね！」は他人に対する共感という価値の表れにほかならない。

「クリプトキャッシュ」を備えたインターネットの第2ステージでは、もっと多くのいままで埋もれていたような価値を顕在化することができる。

経済的な価値をやり取りするためにこれまでは、国や銀行、証券取引所など大掛かりな仕組みや制度が必要だった。

しかし、完全暗号を使えば、個人対個人（Ｐ２Ｐ）でやり取りすることが可能になる。コストが低いので、少額でも十分成り立つ。

つまり、国家や中央銀行でなくても、個人が自分の持つ価値、あるいは自分が生み出す価値を市場で直接、取引できるようになる。

例えば、他人に対する感謝の気持ちや応援する気持ちが、相手にとってはとても大きな「価値」だったりする。それを暗号資産や暗号通貨、暗号証券などの形で具現化し、流通させることで、社会のありようが変わるのではないだろうか。

いままで埋もれていたような価値は、どちらかというと小さく、見過ごされがちだった。しかし、それらが「クリプトキャッシュ」として実体を持ち、手軽で安全、そして低コストで流通するようになれば、大きな力になる。

近年、欧米先進国では「ベーシックインカム」という考え方が注目されているが、財政的な資金を投入するのではなく、幅広い多様な価値を貨幣化（クリプトキャッシュ化）できる仕組みを整えれば、社会的弱者と呼ばれている人たちの経済的、社会的自立にもつながるだろう。

個人同士から小さなコミュニティ、地域社会、国家、そして世界レベルまで、小さい価値から大きい価値まで、多種多様な価値が顕在化し、取引され、社会をより豊かなものにしていく。

そんな未来を筆者は本気で夢見ている。

【コラム】
ＴＥＤで目撃した「グーグルアース」誕生の瞬間

筆者は過去30年、米国と日本を往復しながら、研究とビジネスの世界を行き来してきた。その中で、いろいろ印象的な場面を経験した。そのひとつが、「グーグルアース（Google Earth）」誕生の場面だ。

ハイテク系の国際会議として世界的に有名なＴＥＤ（Technology Entertainment Design）は、学術・エンターテインメント・デザインなど様々な分野の専門家がプレゼンテーションを行い、著名な投資家も参加するイベントである。もともとは身内のサロン的集まりとして始まり、以前は日本ではそれほど知られていなかったが、筆者は早い時期から度々出席していた。

２００３年のことだったと思うが、新しく主催者になったクリス・アンダーソンが「どうしても彼らのスピーチを聞いてくれ」と紹介したのが未完成の「グーグルアース」を開発中の技術者二人の講演だった。シリコングラフィクス社で開発していたが、部門が閉鎖され解雇されたところとのことだった。

プレゼンはわずか10分ほど。内容もコンセプトの説明が中心で、スクリーン上に写されたのは地球の写真と会場のモントレー、アフガニスタン、ワシントンＤＣのホワイトハウスの写真を組み合わせた簡単なものだった。

アイデアとしては大変面白いと思い、休憩時間に挨拶の列に筆者も並んだ。あと2〜3人というところまで来て、講演者たちと話し始めたのがグーグル創業者の一人だった。彼が小切手を取り出し「いくらでも書いてくれ」と言っているように聞こえた。二人はちょっと戸惑っているようで、すると創業者が数字を書き込んで渡した。ちらっと「5」という数字が見えたので、５００万ドル＝5億円かなと思ったが、その後の新聞報道で5億ドル＝５００億円だったと分かった。

その真偽はもはや確かめるすべもないし、古い記憶の間違いかもしれないが、「グーグルアース」という時代を変えるような新しいサービスが実現へ向かう瞬間に立ち会ったような気がした。

終わりに

筆者は30年以上にわたって研究者としての途を歩んできた。

「はじめに」にも記したが、MIT（マサチューセッツ工科大学）において人工知能の研究に携わるようになり、その後、独自の新しい人工知能アーキテクチャーをもとにしたCP（Cognitive Processor）シリーズと呼ぶ集積回路の開発と実用化に取り組んできた。「クリプトキャッシュ」や「コンプリート・サイファー」もその過程で生まれた成果である。ほかにも筆者の所属する研究所では、IoTとAIを組み合わせたスマート農業や新しい発電技術の研究にも取り組んでいる。

研究に対する筆者のスタンスは一貫している。

様々な先人の成果を踏まえつつ、オリジナルな発想で新しい技術を生み出し、社会全体の課題を解決していくことである。

振り返れば、こうした研究に対する姿勢を筆者は、二人の尊敬する師から教えていただいた。

一人は人工知能の父といわれたマーヴィン・ミンスキー博士である。

1988年、筆者は機械工学と人工知能（AI）の研究を目的として渡米し、MITに留学した。その頃、MITにおいては、ミンスキー博士の人工知能理論とその研究熱が大学全体を包み込んでおり、筆者もミンスキー博士の謦咳《けいがい》に接し、博士の夢を一緒に実現させていただきたいと願ったものだ。

ミンスキー博士は一般向けにも*The Society of Mind*（邦訳『心の社会』産業図書）という著書を著されており、おそらく世界中のほとんどの人工知能研究者はこの本を手にしたことがあるに違いない。

博士は一貫して、「人間の思考およびその仕組みを解明して、将来の真の人工知能開発につなげる」ことを信条としておられた。

知能とは何であるか定義さえも曖昧な中で、博士と大勢の弟子達の努力の結果、人間の思考の仕組みを解明する扉が開かれた。

一方で、思考の仕組みなど分からなくても、人間の脳のような機能をコンピュータ上で実現すれば、人間のような思考機能を持つコンピュータをつくれるのではないかという、もうひとつの人工知能研究が続けられてきた結果、80年代のコンピューティングパワーでは実現できなかった学習機能が、近年ディープラーニングという形で実現しつつある。最近は人工知能「アルファ碁」がプロの囲碁棋士に勝利し、新たなブームになっている。目的を限定すればかなり優秀な学習能力を示すが、往年のミンスキー博士の言葉が頭から離れない。

それは、「思考の仕組みさえ分からないまま開発して、本当に人間のためになる人工知能が開発できるのか？　理論もなく、たまたま成功した機能（結果）だけを追い求める研究には、底流に危うさがある」という言葉である。この言葉は、人工知能に関わる研究者がこれからも胸に刻んでおくべき警句である。

ミンスキー博士は晩年、「感情を持つ機械」の実現に没頭しておられた。師の研究成果を見てみたかったと思うのは筆者一人ではないであろう。

もう一人は、日本が生んだ天才科学者であった増淵興一博士である。

日本ではあまり知られていないが、サターンV型ロケットが月に行くために決定的な役割を果たした偉人である。

60年代中に人類を月面に到達させるという故ジョン・F・ケネディ大統領とアメリカ人

の夢は、液体水素を燃料とするロケットエンジンの開発の遅れで、絶体絶命の危機に瀕していた。極小の分子である水素を閉じ込めるタンクが容易につくれなかったのである。

これを救ったのが当時、米国バテル記念研究所に所属していた増淵博士であった。若い頃、東京大学の学生として学徒出陣し、海軍で軍艦の建造に携わった経験から、世界最高の溶接技術とその解析方法を身につけていた博士は、この時もコンピュータなど使わず、手計算の理論研究だけで答えを導き出し、世界を驚かせた。

これが契機となってMITに招聘され、日本出身の教授として史上最高位の終身名誉教授にまで上り詰めた。

当時、増淵博士のお陰で、NASAの宇宙開発における人工知能利用の可能性についての研究の末席に加わることができた。このプロジェクトのご縁で人工知能の研究に関わり始め、後年、ミンスキー博士の多くの弟子の末席に加えていただき、非ノイマン型コンピュータを研究することとなった。

宇宙船や宇宙基地において、地球との通信機能が損なわれる事故があった場合、機能回復をAIにサポートさせるという現実的な研究であり、多少なりともその後の宇宙開発に貢献できたものと思う。後に世界初の人工知能が無事に宇宙に旅立ったとの報告を聞いた。

ある時、増渕博士から「水素の研究には手を出すな」と冗談めかして忠告を受けたことがある。水素を容器内に永久に閉じ込めることは不可能で、金属疲労が必ず起こる。しかし、一定時間だけ閉じ込めるなら話は別で、それがロケットエンジン用の水素タンクの開発につながった。

暗号も実は、似たようなところがある。これまでの暗号研究は基本的に、アルゴリズムを複雑にし、暗号鍵を長くして、解読にかかる時間を先延ばししようとするものだ。しかし、水素と暗号には決定的な違いがある。水素は宇宙を構成する分子だが、暗号は人間がつくりだした技術にすぎない。そうであれば、完全暗号をつくることは可能なはずだ。増渕博士の忠告はそのことを気づかせてくれたように思う。

このように筆者が大きな影響を受け、また心より尊敬してきたお二人は2016年に相次いでこの世を去られた。尊敬するお二人はいつも人類の未来を見据え、もっとも難解な問題に向き合う勇気を示してこられた。

米国での増渕博士の葬儀に筆者も駆けつけ、墓前で自分なりにお二人の遺志をどう受け継いでいくかを考えた。

これまで筆者は、二人の師を見習って目先の新しい理論には振り回されず、自身の信じる研究を、あくまで師らの研究のサポートとして行ってきた。そして、基礎の積み重ねと自分の直感を信じた道を進んできたわけだが、今度は自分自身の足で立ち、微力ではあるものの社会全体の問題に向き合い、自分なりの解決策を積極的に提示していくことを決意したのである。増淵博士の奥様が、奇しくも昨年（２０１８年）の私の誕生日にお亡くなりになったことも、私にとって大きなきっかけとなった。先月マサチューセッツ州コンコード市に眠るお二人のお墓を訪れ、本書の出版を報告させていただいた。

著者の開発した暗号通信装置を使用するミンスキー教授と。MIT Media Labにて。

増淵教授と。MIT卒業式会場のKillian Courtにて
（いずれも©Takatoshi Nakamura）

今回、暗号貨幣「クリプトキャッシュ」について初めての著書をまとめるにあたり、感謝の気持ちを込めて、本書を二人の師と奥様に捧げるとともに、ご冥福を謹んでお祈り申し上げます。

謝辞

本著は著者が単独で著す初めての著作です。

18歳で三重県から上京して以来、数えきれないほどの多くの方々のお世話になってきました。その時々に得難い出会いがあり、教えがあり、いまに続いています。

23歳で渡米するに至るきっかけをつくっていただいた祖母の友人の小林信隆さんご夫婦、米国での学生生活や学級活動を共に行った先輩や同僚。至らない著者を叱咤激励、ご指導してくださった先生方。本文に記載させていただいた先生以外にも、慶應義塾大学とMITの両校においてたくさんの先生方の教えを受けました。

マッキンゼー・アンド・カンパニー・ジャパンから始まったキャリアにおいても、日々接する全ての方々の言葉が教えでした。中村組のみなさん、エヌティーアイ（旧・中村技術研究所）の横田昭寛さんや多賀亮一さん、情報セキュリティ研究所の越純一郎さんや武田俊孝さん、専門家の伊藤恒一郎先生や村松義人先生、尾立源幸先生、そして著者や仲間らが見出した新技術を一緒に世に出す労をとってくださっている杉山淳二さんや佐々木浩二さん、三谷充さんや原丈人さん、平松東原さんや上島憲さん、吉田稔さん、ムーン・ソク・カンさん、ファン・ウィ・サンさんご夫妻や穴吹英隆さんご夫妻ら、多くの仲間の支えがなければ、この著書で書いた「クリプトキャッシュ」を完成させることはできなかったと思います。私自身の貢献は小さなもので、いままで関わってくださったすべての方々の成果です。本当にお世話になりました。

そして、この本を出版するにあたって、聞きなれない専門用語をものともせずご協力くださった集英社学芸編集部ビジネス書編集部次長の佐藤絵利さんと古井編集事務所の古井一匡さん、そして本の企画から執筆・校正まで、最初から最後までおつきあいいただき、処々で鋭いコメントをしてくださった経営&公共政策コンサルタントの筒井潔さん、最後に私の家族にも感謝申し上げたいと思います。誠にありがとうございました。

令和元年7月吉日

中村宇利

本書に出てくる重要用語

暗号貨幣（クリプトキャッシュ、Crypto Cash）

コンプリート・サイファーを用いた台帳を必要としない暗号通貨の基本技術であり、その本体は英数文字等からなる記号列である。（狭義の）暗号通貨だけでなく、暗号資産や暗号証券にも使用される。

暗号資産（Crypto Asset）

ビットコインやイーサリアムなどの暗号通貨の一種で、ダイヤモンドや金などと同様に資産的な価値を持ちつつ、市場価格が変動する暗号技術を使ったデジタル資産。

暗号証券（Crypto Security）

有価証券を暗号技術によって実現したもので、株式、債券と同じように金利や配当などがつき、法的規制を受ける暗号通貨の一種。

暗号通貨（広義）（Crypto Currency）

暗号技術を用いて実現する、偽造や不正使用を不可能にすることを目指して開発される通貨。現在は、暗号資産、暗号通貨（狭義）、暗号証券に分類されている。

暗号通貨（狭義）（Crypto Currency）

国や中央銀行が発行する法定通貨のデジタル版や、法定通貨に連動（ペッグ）して発行されるステーブルコインなどの暗号通貨の一種。

一卵性双生児現象

同じDNAを持つ一卵性双生児が同じ環境で育てられると、同じような性格、運動能力を持つのに似て、同じ回路を持つ暗号チップ同士が離れた地点であっても同じ環境で使用し続けると、何年経っても同じ信号を出力する現象。

インターネットの第１ステージ（インフォメーション・シェア・プラットフォーム）

wwwやブラウザ、TCP/IPなどの技術を用いることで、時間と空間を超えて様々な情報を簡単かつ低コストで共有できるプラットフォームとなったインターネットのあり方。

インターネット第２ステージ（バリュー・シェア・プラットフォーム）

第１ステージの技術にコンプリート・サイファーを加えることで、個人対個人（P

2P）の認知・認証が安全かつ低コスで行えるようになり、様々な価値を共有できるプラットフォームとなるインターネットのあり方。

遠隔同期（Remote Synchronization）

遠く離れて存在する情報生成者と情報使用者を、通信を介さずにシンクロさせること。通常、互いに会わずにこれを行うことは難しいとされる。

遠隔非同時同期（Remote Non-simultaneous Synchronization）

遠隔同期をさらに進め、同じ時刻を共有できない情報生成者と情報使用者をシンクロさせること。

エンド・トゥ・エンド・プロテクション（End to End Protection）

コンプリート・サイファーを通信に用いることで、情報をその生成直後に暗号化して送信し、使用直前に復号化すること。通信の安全性を飛躍的に高めることができる。

仮想通貨（Virtual Currency）

主にブロックチェーンを用いた暗号通貨に対して用いられる、実体を持たない通貨の通称。

仮想通貨のジュラ紀

ブロックチェーンを用いる仮想通貨は、元来のセキュリティの脆弱性に加えて、短期間で台帳が巨大化したため、消費電力や通信などのコストが急増し、システムを維持する作業（「プルーフ・オブ・ワーク」）で得られる報酬に見合わなくなったことを、あまりに巨大化して環境の激変に対応できず、絶滅してしまった恐竜時代（ジュラ紀）になぞらえたもの。

共通鍵暗号方式（CKS：Common Key System）

太古の昔から長い間、暗号では暗号化のための鍵と復号化のための鍵は同じものを使い、これを「共通鍵」方式と呼ぶ。それゆえ、暗号化する側と復号化する側で、共通鍵をいかに安全に共有するか（配送するか）が今も大きな問題となっている。

公開鍵暗号方式（PKS：Public Key System）

共通鍵暗号方式における「鍵の配送問題」を解決すべく、暗号化する暗号鍵（公開鍵）と復号化する暗号鍵（秘密鍵）は別々で、しかも一対一対応のペアになっている暗号鍵を用いる暗号方式。公開鍵で暗号化した暗号文は、対応する秘密鍵によってしか復号化できないので、ハッカーが公開鍵を手に入れたとしても、復号化はできない。公開鍵は誰にでも公開し、いつでも使えるようにしておくことができるため、インターネットとともに普及した。

クリプトプルーフ・インフラストラクチャー

コンプリート・サイファーを用いた社会システムのこと。契約関係においては、当事者間、第三者を加えた関係、不特定多数の関係の3つのパターンがある。締結した契約をあとから改竄されないようにするため、クリプトチェーン（ハッシュチェーンを使ったチェインドレッジャーに書き込む方法）やクリプトキャスト（インターネット上の不特定多数の台帳であるオープンレッジャーに書き込む／ブロードキャストする方法）を利用する。

51%攻撃

悪意あるグループが、特定のブロックチェーンにおける参加者のマイニングの計算能力の過半数を支配して行う攻撃。

コンプリート・サイファー（Complete Cipher）

「暗号鍵の配送問題」と「暗号鍵がない場合に理論的に解読不可能な暗号アルゴリズム」の2つの問題を解決した世界初の完全に安全な暗号技術。

サイファー・コア・プラットフォーム

崩壊の危機にさらされている従来の仮想通貨を救済する目的で開発された、「クリプトキャッシュ」技術を用いた新たなプラットフォーム。このプラットフォーム上では、様々なコミュニティやさらには個人でも、それぞれが大切にしたり共有したりする価値をベースに暗号資産を発行できる。

シックスペイ

クリプトキャッシュをベースに、支払いや送金を行うユーザが専用アプリを用いて6桁の番号を生成し、この6桁の番号を支払先に伝えることで決済する仕組み。相手に対して、6桁番号はインターネットでも、口頭でも、紙に書いてでも伝えることができる。安全性が高いので、高額決済も可能である。

ＣＰ《シーピー》（コグニティブプロセッサー、Cognitive Processor）

筆者が開発した、高速学習と環境認識を特徴とする次世代の人工知能回路。

情報セキュリティ上の４つの脅威

本質的な脅威である「情報の盗難」「情報の改竄」「認証情報の不正使用によるなりすまし」に加えて、サイバーセキュリティという言葉で代表される「ネットワークの破壊・攪乱」を加えた4つの脅威。

中間者攻撃（MITMA、man-in-the-middle-attack）
送信者と受信者の間に何らかの方法で第三者が入り込み、二人には直接通信しているように思わせながら、情報を横取りしたり、別の情報を差し挟んだりする攻撃。

電子マネーのカンブリア紀
1995年前後のわずか数年間に、世界中で100を超える新しい実験的暗号通貨が事業化に向けて考案され、多くの資金が投じられた現象を、約5億4千万年前、多様な生物が爆発的に登場し後に淘汰されたカンブリア紀になぞらえたもの。

乗っ取り攻撃
ブロックチェーンにブロックを追加する際、稀に複数のブロックがつながることがあり、その際、より長く伸びたほうが残り、他のブロックは取引が中止されるという仕組みがあり、これを悪用し、すでに行われた取引をなかったものにしてしまう攻撃。

ハッシュチェーン（Hash Chain）
デジタルデータの塊（ブロック）ごとに「ハッシュ値」という数値を計算し、それを次のデータの塊（ブロック）の一部としてまたハッシュ値を計算してつなげていく技術。ハッシュチェーンは改竄検知と逆方向計算不可という特徴を持つ。

ビザンチン将軍問題
グループの一部に裏切り者がいる場合、あるいは情報伝達が信頼できない場合、どのようにして正しい合意に到達するのかという問題。

ビットコイン（Bitcoin）
2008年10月31日のナカモト・サトシ氏の論文にて紹介された、ブロックチェーンという台帳を用いて、プルーフ・オブ・ワークによる合意形成を行いながら発行される仮想通貨。2009年1月から運用が開始された。

プルーフ・オブ・ワーク（Proof of Work）
ビットコインなどの運用において、ハッシュチェーンに新しいブロックをつなげる際、一人だけが新しいブロックを付け加えるようにすることで、ブロックチェーンを同一に保つために行う、合意形成のための一種のゲーム。

ブロックチェーン（Blockchain）
公開鍵暗号方式を利用するデータの入出力部分と、ハッシュチェーンを利用するデータの保存部分とから構成されるデータベース技術の一種。

ベーシックライフ

地球にエネルギーを無償で降り注ぐ太陽の恵みを利用し、基本的人権を守る最低限の生活を保障する仕組み。誰もがベーシックな生活を行うための水と食料、エネルギーを毎日必要なだけ無料で受け取ることができる。

量子鍵配送（QKD:Quantum Key Distribution）

量子の重ね合わせの原理や量子もつれ（量子エンタングルメント）を利用して、暗号鍵を安全に配送する方法。

量子コンピュータ（Quantum Computer）

量子の重ね合わせの原理を用いて超並列演算を実現するコンピュータ。

ワンタイムパスワード（OTP）

暗号通信において、1回（ワンタイム）しか使えないパスワードのこと。予め乱数などの対照表を用意した場合、その内容が盗まれてしまうと危険である。そこで、専用のデバイス（セキュリティトークン）を使って、その都度新しい1回しか使えないパスワードを発生させる。セキュリティトークンが発生させるパスワードは、初期設定値を共有した専用サーバとの間でのみ同期する。

ワンタイムパッド

「ヴァーナム暗号」という20世紀初頭、米国のAT＆Tに所属していた研究者が考案した暗号方式のこと。MIT（マサチューセッツ工科大学）を卒業後、ベル研究所に勤めていたクロード・シャノン教授が、このワンタイムパッドという方法を使うと情報理論的に解読不可能な暗号をつくることができることを証明した。

中村 宇利（なかむら たかとし）

1964年、三重県生まれ。㈱エヌティーアイ代表取締役兼グループ代表、㈱中村組監査役、（一社）情報セキュリティ研究所理事長を務める。慶應義塾大学大学院理工学研究科機械工学専攻、及びマサチューセッツ工科大学大学院海洋工学科、機械工学科、土木環境工学科にて工学系学位を取得。マッキンゼー・アンド・カンパニー・ジャパンを経て、マサチューセッツ工科大学客員研究員に就任し、コンピュータ・アーキテクチャー、及び情報セキュリティを研究。非ノイマン型論理回路であるコグニティブプロセッサーの開発に成功。その後暗号技術を完成させ、その応用技術として、エンド・トゥ・エンド・プロテクション通信システム及びクリプトキャッシュを開発した。

ブックデザイン ／ 宮坂 淳（snowfall inc.）

イラスト／玉井いずみ

編集協力 ／ 古井編集事務所

「暗号貨幣《クリプトキャッシュ》」が世界《せかい》を変《か》える！

二〇一九年七月三十一日　第一刷発行

著　者　中村《なかむら》宇利《たかとし》
発行者　茨木政彦
発行所　株式会社　集英社
〒一〇一－八〇五〇　東京都千代田区一ツ橋二－五－一〇
編集部　〇三－三二三〇－六〇六八
読者係　〇三－三二三〇－六〇八〇
販売部　〇三－三二三〇－六三九三（書店専用）
印刷所　凸版印刷株式会社
製本所　ナショナル製本協同組合

ISBN978-4-08-786119-8　C0033